Keiko 著

まるごと人生リベンジ！7曜日メソッド

まあたらしい自分になる77の秘術

廣済堂出版

＊

人生まるごとリベンジ！　7曜日メソッド

＊

はじめに

この前の土曜日、ひさびさにシフォンケーキを焼いてみた。
「きっと美味しくできてるわ～♪」
と小躍りしつつオーブンからスポンジを取り出してみると……。
ガクッ。全然フワフワしてないではないの。
シフォンケーキというよりは、まるでカステラ。
分量は全部本の通りだし、温度だってカンペキ。
なのにナゼ？
なぜこんな硬くなっちゃったのかしら？　と考えてみると……。

ハハ〜ン。ワカッタ！　今日が土曜日だからだわ！

土曜日は、宇宙のエネルギーが「縮む、固まる」という方向に向かってる。「フワフワ」とはまったく逆のエネルギーだから、ふっくらしようがないわけ。

それと、土曜日は外国のものと相性がよくないから、そもそもケーキを焼くってこと自体に向いてないのね。

硬いおせんべいならよかったんだろうけど（笑）。

理由がわかった私は、次の木曜日、リベンジに打って出た。

木曜日のエネルギーは「大きくて柔らかい」という性質があるから、シフォンケーキにはぴったり。きっとうまくできるはずだわ。

結果は、もちろん大成功！

前回とまったく同じ作り方をしたにもかかわらず、ふっくらした弾力あるシフォンケーキができあがったわ。

物事はね、すべてタイミングで決まるの。

「なにをするか」じゃなくて、「いつ、なにをするか」。

もっと言うなら、「何曜日に、なにをするか」。

結果の良し悪しは、時と行動が調和してるかどうかで決まるのよ。

なにをやっても運気が上がらないという人はね、たぶん、タイミングが悪いんだと思う。

開運法と呼ばれるものはたくさんあるけど、それだって、365日まったく同じ効果ってわけじゃないのよ。

シフォンケーキの例からもわかるように、まったく同じことをしても、曜日によって結果はまるで違ってくるの。

だからこそ、曜日によってアクションを変えなきゃ！

曜日のパワーとあなたのアクションがぴったり合っていれば美しいハーモニーが生まれ、それが高い波動を紡《つむ》ぎ出す。高い波動は宇宙の高次元とつながるから、思ったことがスイスイ叶ってしまうのよ。

この本には、7つの曜日がどういう性質を持っていて、その日なにをすればいいかが具体的に書いてあるわ。

どれもカンタンにできることばかりだから、気負わず、楽しみながらやってみてほしいな。

7曜日メソッドで、サックリ幸運をGETしてね♪

目次
Contents

第1章 7曜日メソッド✳日曜日
自分力を磨く日

第2章

7曜日メソッド✳月曜日

女性力を磨く日

第3章 7曜日メソッド＊火曜日

勝負をかける日

第4章

7曜日メソッド✳水曜日

コミュニケーション力を高める日

第5章

7曜日メソッド✳木曜日

可能性を広げる日

第6章 7曜日メソッド＊金曜日

恋愛力を高める日

第7章

7曜日メソッド＊土曜日

身体のリズムを整える日

プロローグ

Prologue

＊

曜日のパワーで流れに乗る方法

＊開運のコツは「流れに乗ること」

あなたがもし、人生を辛《つら》いものだと思っているとしたら……。

たぶん、波の乗り方を知らないいんじゃないかかな。


波というのは、宇宙の波。この世をとりまく「流れ」のことよ。

波に乗ることができれば、人生はいたくラクチン！

シャカリキにならなくても思っていることが叶《かな》うし、なにより、嫌なことがほとんど起こらない。

出会う人がみないい人なので、いいコトしか起きようがないの。


もちろん、ときおりガツンとやってくる学びはあるわよ。

それがなかったら人間成長しないもの。

でもね、波に乗っている人は、へこまない。

その「ガツン」さえも楽しめてしまうの。

だって、波の乗り方を知っている人は、それがラッキーの前触れだとわかっているから。


波というからには、アップダウンがあって当たり前。

それは、エネルギーが動くときに必ず生じる物理的作用なの。

高くジャンプする前に、思いっきりしゃがまなきゃならないのと同じことよ。


だから、ガツンときたらこう思うといい。

「ラッキー！　これはなんかいいコトあるぞ♪」ってね。

実際そうなんだから。

運のいい人はみな、この法則を知っている。
だから落ち込むことがないの。
幸運は不幸の仮面をつけてやってくるってこと、覚えておいてね。

人生をらく〜に生きるコツは、「流れ」に乗ること。

これに尽きます！
努力や忍耐もある程度は必要だと思う。ある程度はね。
でも、いくら努力したって辛抱したって、流れに乗れなければアウト。
そう。この世でいちばん強いのは「流れに乗れる人」なの。

じゃあ、どうしたら流れに乗れるか？
その方法をこれからお伝えするわね。

✳流れに乗る方法

確実なのは、**惑星の動きに沿って行動すること**。

地球で起こるあらゆることは、10個の惑星の相関関係によって引き起こされているの。

潮の満ち引きが月と連動していることはよく知られているけど、じつは、地震や山火事だって、裏で糸を引いているのは惑星たちなのよ。

海や大地すら揺らぐのに、ちっぽけな人間が影響を受けないわけがないと思わない？

「長いものには巻かれろ」っていう諺《ことわざ》があるけど、これぞ開運の極意。

宇宙の支配者である惑星軍団になんてしょせん勝てっこないんだから、喜んで巻かれた方がいいの。

ただし。巻かれるといっても受身の巻かれ方じゃダメ。

積極的に巻かれる——つまり、巻かれるように見せかけて、惑星のパワーを逆に利用するの。

惑星たちが今どんな動きをしていて、どのくらいのエネルギーを発していて、他の惑星たちとどういう角度を作っているか。

これを読み取って、それに逆行しない行動をとる。

これこそが、宇宙の「流れに乗る」ということよ。

「でもKeikoさん、それって占星術を勉強した人じゃなきゃできないでしょ？ ふつうは星の動きなんて読めませんよ」

ええ、わかってます。そうくると思ってました（笑）。

だからこそ、私はこの本を書いてるのよ。

＊曜日と星のフシギな関係

じつはね、占星学の知識ゼロでも、星の動きなんてチンプンカンプンでも、惑星パワーを最大限に利用できる方法があるのですよ。

それは、**「曜日」にそって行動すること**。

星の動きをわざわざ読まなくても、それぞれの曜日に相応《ふさわ》しい行動をとればいいの。

曜日にそって行動することが、なぜ惑星パワーにつながるのかといえば、それは「曜日＝惑星」だから。

曜日というのは、惑星のパワーそのもの。

7曜日というのは、7つの惑星の集合体なんですよ。

それは、曜日の名前からも明らかよね。

いいこと?

日曜日とか月曜日という名称は、けっしてテキトーについてるわけじゃない。

日曜日は太陽(=お日様)、月曜日は月のエネルギーでできているから、こういう呼び名がついてるの。

同様に、火曜日には火星、水曜日には水星、木曜日には木星、金曜日には金星、土曜日には土星のエネルギーが、それぞれ凝縮されているわけ。

まさに字のごとくでしょ?

「曜日=惑星のパワー」であること、わかっていただけたかしら?

✳曜日のパワーってなに？

でも、ここでまたしても疑問が湧《わ》いたわよね。
日曜日のパワーってなに？
月曜日のエネルギーってどういうこと？
そうそう。
肝心なのは、まさにこの部分。
普通の人は、たぶんこんなふうに答えるんじゃないかしら。
「月曜日？　日曜日の次の日でしょ」
ええ、確かに（笑）。確かにそれは間違いじゃないんだけど、こういう理解をしている限り、曜日のパワーを利用することはまず不可能。
曜日というものの概念をちょっと変えてみる必要があるわね。
Ｋｅｉｋｏ的に言えば、

月曜日は「女性性を高め、それを愉《たの》しむ日」。
そして、日曜日は「好きなコトをして自分らしさを取り戻す日」。

ついでに解説しておくと、

火曜日は「勝負を賭《か》ける日。直感と行動力を養う日」。
水曜日は「コミュニケーションと情報収集に徹する日」。
木曜日は「枠を外し、人脈と可能性を広げる日」。
金曜日は「オシャレをして社交的になる日」。

土曜日は「1週間のリズムを整える日」。

こんなふうに、7つの曜日はそれぞれ特有のパワーを持っていて、取り組むべきテーマも決まってるの。

一《いち》か八《ばち》かの勝負に出るなら火曜日がいいし、大事な商談があるなら水曜日にすべき。日常的なことならいつでもいいけど、重要なことであればあるほど、それに最適な曜日を選ばなきゃ！

物事にはすべて、それに相応しいタイミングがあるの。

願いを叶えたいんなら、最高のタイミングでアクションを起こすことよ。

わかりやすいように、ひとつ例を出そうかな。

たとえば、私の友人Y美ちゃん。

フォトグラファーの彼女はかけだしの頃、ある有名な写真家の弟子になりたいとずっと思っていたらしいの。

そしてある火曜日、思い切ってその先生の事務所を訪ねた。

すると、アポなしだったにもかかわらず、その日たまたま先生がいて、その場で面接。

「ま、とりあえずきてみたら？」

と、あっけなく採用になっちゃったんですって。

その後、先生の秘書にこう言われたそう。

「あなた、本当にラッキーよ。普通の人は面接さえしてもらえないんだから。あの日たまたま先生がいらしたなんて、1万分の1くらいの確率よ！」

なぜこんなラッキーが起こったんだと思う？

単なる偶然かしら？

ノンノン。

偶然じゃないわ。

それは、アクションを起こしたのが火曜日だったからよ。

あとで説明するけど、火曜日は「一か八かの賭けに出る日」。

火曜日のエネルギーを利用したからこそ、Y美ちゃんは千載一遇のチャンスを掴《つか》めたのね。


こんなふうに、**願いを叶えるためのアクションを起こすなら、それがいちばん叶いやすい曜日を選ぶのが正解**。

そうするとね、「渡りに船」ってカンジでとんとん拍子にコトが進むの。

いくら才能あるY美ちゃんでも、事務所を訪ねたのがもし月曜日だったら、たぶん採用にはなっていなかったと思う。

そもそも先生もいなかったろうしね。

なぜなら、月曜日は与えられたもの、向こうからやってきたものを「受け入れる日」。

積極的にアクションを起こす日じゃないからよ。

各曜日の特性を知って、ここぞというときにアクションを起こす。

これさえできれば、あなたの願望達成率は飛躍的に高まるわ。

この知識があるとないとじゃ、人生まさに雲泥《うんでい》の差。

一生という長いスパンで見たとき、いったいどれだけの差がつくことか。想像してみてほしい。

星の動きは占星学の知識のある人しかわからないけど、今日が何曜日かは小学生でもわかるでしょ。

7つの曜日はそれぞれ特有の波長を持っていて、発しているエネルギーもまるっきり違う。まずは、このことを頭に入れといてほしい。

そして、それを利用する術《すべ》を知っていれば、あっという間に流れに乗れてしまうの。

これほどカンタンな開運法があるにもかかわらず、なぜかそれを解説した本がない！

そんなわけで、今回私が書きました。

「曜日のパワーで流れに乗る方法」

本邦初公開ですぞ〜〜。

7曜日メソッド Q&A

Q. 毎日11項目、すべてやらなければならないのですか？

A. やりたいものだけでＯＫ。全部実行すれば確かに効果は高くなるけど、たぶん無理だと思うから（笑）。「やらなきゃ！」じゃなくて、「今日はこれやってみよ♪」みたいな軽いノリで取り組んでみて。ミッションにとらわれるんじゃなく、「利用する」というスタンスで。

Q. 毎日必ずどれかをやらなければいけませんか？

A. できれば、どれかひとつはやってほしい。毎日やって流れを作ることが大事なので。

Q. たとえば、日曜日に書いてあることを月曜日にやってもいいのでしょうか？　それでも効果はありますか？

A. 一部例外もあるけど、ここに書いてあることのほとんどは、いつやっても効果があるわ。もちろん、毎日やってもかまわない。ただし、曜日によって効果に差が出るの。本来の曜日に行うのがいちばん効果的だってことを理解しといてね。

Q. どのくらいで効果が出ますか？

A. これは人によりけり。1週間で効果が出る人もいれば、2ヶ月くらいで変化し始める人もいると思う。たいてい「7」の倍数で効果が出始めるはず。14日後、28日後というように。

Q. 書いてある通りにやらなければ、効果はありませんか？

A. 書いてあることはあくまでも基本。あまり几帳面にならず、自分なりにアレンジしながら実行してみて。

第1章

7曜日メソッド
日曜日

自分力を磨く日

Sunday

Check

日曜日パワーは
こんな願いを
叶えてくれる!

✓

□有名になりたい
□成功したい
□トップの座につきたい
□自分らしく、楽しく生きたい
□人生を充実させたい
□個性と才能を開花させたい
□自分にしかできないことをしたい
□ライフワークを見つけたい
□ドラマチックな人生を送りたい
□自己アピール力を身につけたい

こんなあなたは日曜日パワーで一気にリベンジ!

□ 自分に自信が持てない
□ 生きる目的がわからない
□ 自分の才能がわからない
□ 今の自分を受け入れられない
□ つい人と比べてしまう
□ 自分の意見を言うのが苦手
□ 人の意見に左右されがち
□ 自分の欠点ばかりが目につく
□「姿勢が悪い」と指摘されたことがある
□ 最近ウツっぽい

Sunday ✳

1 朝8時までに起きる

「え～っ　日曜日なのにそれはないっしょ！（泣）」と思うのはわかってる（笑）。

でもね、**日曜日のエネルギーは、日が昇ってからお昼までがいちばん強いの。**もし10時過ぎに起きたら、最高のパワーをもらえるのはたったの2時間！　これってすごくモッタイナイと思わない？　日曜日は1週間のスタート。この日、どれだけパワーチャージできるかでその週の流れがほぼ決まっちゃう。

ここでボタンを掛け違えると、残り6日間のリズムが狂っちゃうの。

まあ、「調整日」である水曜日である程度流れを変えることも可能だけど、それでもスタートがいいに越したことはないでしょ。そのためにも、日曜の朝はきちんと起きて、太陽の光と新鮮な空気を細胞の隅々まで送り込む。

「1週間分の光合成をする」と考えてみて。

かくいう私も、ときどき10時過ぎくらいまで寝てたりすることがあるんだけど、そうするとね、やっぱりその週はエンジンがかかりづらい。そのたびに「ああ、日曜日はやっぱり早起きしなきゃ」って反省するの。

日曜日は、どんなに眠くても8時には起きる。理想を言えば6～7時に起きたいところだけど、とりあえず8時までには、ということで（笑）。そして、起きたら太陽に向かって深呼吸。光合成は朝のうちに、が鉄則よ。

ちなみに、朝寝坊したい人は土曜日にどーぞ。土曜日のパワータイムは午後3～4時だから、ちょっとくらい寝坊してもOKよ。

これはNG!

お休みだからって終日家でゴロゴロしてない？　日曜はアクティブになればなるほどパワーUPできる。仕事関係以外の人と過ごすのがポイントよ。

Sunday

＊ 2 玄関に香《こう》を焚《た》く

風水の基本は「気の流れ」をよくすること。これに異論をはさむ人はいないと思うけど、でもね、ひとつ気をつけてほしいことがあるの。

それは、気の流れがよくなるということは、良い気とともに悪い気も入ってきやすくなるってこと。悪い気とは、俗にいう「邪気《じゃき》」。

だから、風水といっても気の通りをよくするというだけでは片手落ちで、邪気をシャットアウトすることまでやらなきゃいけないのね。

ちなみに、邪気ってどこから入ってくるか知ってる?

答えは「玄関」。邪気なんだから裏口からコソコソ入ってきてもよさそうなものなのに、玄関から堂々と入ってくるんだなーこれが(笑)。

というわけで、**週の初日である日曜日はまず、玄関をキレイにする!**

まずはチリ埃《ほこり》を掃いて、その後水拭《ぶ》き。ドアの溝《みぞ》はとりわけ念入りにね。

ここまでは当たり前として、**私が必ずやるのは、香を焚くこと。**

間違えないでほしいのは、ここで使うのはアロマではなく「香」だということ。宗教儀式や悪魔祓《ばら》いのときって、必ず「煙」を利用するでしょ？　それは、煙が邪気を追い払ってくれるから。場を清めるだけならアロマでもいいけど、邪悪なものを追い払うのが目的なら、煙の出るものじゃないと意味がないわ。

それと、玄関の灯りも重要。幸運の女神は明るい家を好むから、外灯をできるだけ明るくするのがポイントよ。


これはNG!

外灯を切れたままにしてない？　それは「この家には人が住んでいません」と言っているのと同じこと。チカチカしてきたらすぐ交換すること。

Sunday ✳

3 タマゴ料理を食べる

英語で「サニーサイドアップ」と言えば、目玉焼きのこと。

その名の通り、まっ黄色の黄身の部分は、お日様にそっくりよね。

太陽のエネルギーに守られている日曜日は、なにをおいてもまず、タマゴを食べてほしい。

「タマゴなんてしょっちゅう食べてるわ」って言う人もいるだろうけど、日曜日のタマゴはパワーが違う！

そして、そのことを知って食べるのとそうでないのとでは、あなたが受け取るパワーもまるで違ってくるの。

他の日に食べるタマゴを10とすれば、日曜日のタマゴは100くらいのパワー。1個のタマゴのなかに、太陽のパワーが凝縮されていると考えてみて。

ちなみに、同じタマゴでも、調理法でエネルギーが変化するのをご存知?

体力が落ちているときは生タマゴ、自信を取り戻したいときは目玉焼き、自分をアピールしたいときはスクランブルエッグ、能力を発揮したいときは玉子焼きにするといいの。

お目当ての相手と仲良くなりたいなら、タマゴ入りミルクシェイクを3日間連続で飲んでみて。

そうそう、**タマゴと同じ色のハチミツも日曜日のパワーフード。**

茶色っぽいものより、かぎりなくゴールドに近いものを選んでね。


これはNG!

サラダや野菜だけですませてない? たんぱく質は良質のエネルギー源。ベジタリアンの人は、日曜日だけでもタマゴを食べてみては?

Sunday ✳

4 胸にポイントのある服を着る

7つの曜日は私たちのカラダとも密接につながっていてね。曜日によって、エネルギーが高まる部位が変わってくるの。

で、これをちゃっかり利用しちゃおうというのが、keiko流開運法。

たとえば、**日曜日は心臓にパワーが集中するから、胸にポイントを持ってくるの。**

先日の日曜日、あるパーティーでのこと。

フリーアナウンサーをやっているR子ちゃんが、おもいっきり華やかなワンピースで登場。白いシルク素材で、ちょうど胸のラインに黄色とオレンジのストライプが入ってる。

これはもう、日曜日のために作られたような服。これはかなりラッキーなことが起こるに違いない！　と確信したわ。それで、R子ちゃんにこう耳打ちしたの。

「R子ちゃん、今日はめいっぱい自分をアピールした方がいいよ。ゼッタイいい引き合いがくるから」

すると、なにが起こったと思う？

大手結婚式場との契約が決まったのですよ、しかもその場で！

パーティーにきていた式場の専務さんが、R子ちゃんのスピーチを聞いてオファーをくれたんですって。

もちろん、R子ちゃんに実力があったからこそだけど、日曜日に相応しい服を着ていたことも勝利の一因だと思うわ。

これはNG!

無難だからと黒っぽい服ばかり着てない？　エネルギーを遮断《しゃだん》する黒は日曜日にいちばん避けたい色。できるだけ明るい色を身につけて。

Sunday

＊5 今いちばんやりたいことをする

トップバッターの役割は「流れ」を作ること。

野球でもリレーでも、トップには流れを作れる人を持ってくるでしょ。日曜日の役割も、まさにこれなの。勢いをつけて、残り6日間を自分のペースに持っていく。でも、どうやって？

それはね、「イッチバンやりたいことをする！」。これですね。釣りに行く、本を読み漁《あさ》る、ダンスを習いに行く……なんでもいいから、とにかく今、あなたがいちばん欲していることをする。そうすると細胞がゴキゲンになって調子づいてくれるの（笑）。

そう言ったらある男の子が、「オレがいちばんやりたいのは南極に行くことっスよ。それ、今日やれって言うんスか？　どうするんスか？」ってつっかかってきたんだけど（笑）、そういう場合は『南極物語』のＤＶＤを観る。それだけでも十分効果はあるわ。あるいは、図書館に行って南極に関することを調べまくるとかね。
もちろん、そのものズバリがいちばんいいわよ。でも実際、そうカンタンにいかないこともあるじゃない。世界一周とか。その場合は、それにつながることをする。現時点で、それに近づけることをすればＯＫよ。
自分がいちばんやりたいことっていうのはね、可能性につながってるの。必ず。だから、「コレ、やってみたい！」ということがあったら、その感覚を無視しないこと！「千里の道も一歩から」って言うでしょ。最初の一歩は小さくてもかまわない。アクションを起こすことに意味があるのだから。

これはNG!

「こんなことしてもなんの得にもなんないし……」な〜んて考えてない？　日曜日は合理性よりワクワク感重視！　ライフワークにつながる可能性大。

Sunday ＊ 6

舞台や映画を観に行く

「人生はバクハツだ！」って言ったのは某有名画家だけど、日曜日はさしずめ「人生は舞台だ！」といったところ。

人生が舞台というのはよく聞くセリフだけど、実際、毎日そんな気分で過ごしてる人ってそういないと思うのよね（笑）。でも、日曜日のパワーUP法って、まさにコレなの。「私の舞台なんだから、好きなようにやらせていただくわ！」っていう、イイ意味での身勝手さ。自己主張。それが許される——というか、そうするべきなのが日曜日なのね。「私は人生の主人公！」という意識を高めるためには、実際舞台を観に行くのがイチバン。「今いちばんやりたいこと」がとくに思い浮かばなかったら、舞台を観に行くことをオススメするわ。

演劇、ミュージカル、演奏会、コンサート等々、舞台にまつわるものならなんでも

ＯＫ。講演会とか演説会を聴きに行くのもいいわね。たとえば政治家なんていうのは、「日曜日パワー」の権化みたいなもの。俳優であれ音楽家であれ、表舞台にたって大勢の注目を集めるような人は、例外なく日曜日のエネルギーが強い！　そういう人のエネルギーを肌で感じてみるのも、すごく有効な開運法よ。

舞台じゃなかったら、映画でもＯＫ。ただしシリアスなものはＮＧよ。日曜日は笑顔でいればいるほどパワーＵＰするから。もしＤＶＤを借りてきて観るなら、『アラビアのロレンス』、『風と共に去りぬ』みたいな不朽の名作をぜひ！　舞台であれ映画であれ、日常からかけ離れた雰囲気を味わうことが、運気ＵＰのヒケツよ。

これはNG!

ありきたりな一日を過ごしてない？　刺激は自分で見つけるもの。モチベーションの上がる過ごし方を自分なりに工夫して。

Sunday

✳ 7 真ん中の席に座る

日曜日っていうと「お休みの日」という印象が強いけど、エネルギー的にみれば、けっしてお休みモードの日じゃない。日曜日はむしろ、人前に出て自分をアピールすべき日なの。

アピールの方法はいろいろあるけど、「真ん中に陣取る」というのもそのひとつ。**電車であれカフェであれ、日曜日は真ん中を選ぶのが基本。**そうすることで、「自分は中心にいるべき人間」という意識を植えつけるの。

たかが電車の座席、と思うなかれ。たとえ小さなことであっても、それが習慣になると大きな変化を生み出す。1年後にまるで違う自分になることだって可能なのよ。

15年くらい前かな。赤坂の小料理屋で食事してたら、小泉さん（元首相）がふらりと入ってきたの。で、カウンターに座った。一人のときって、たいてい端っこの席に座るじゃない？　でも、小泉さんは違った。

一人で真ん中に陣取ったの。しかも、なんら躊躇《ちゅうちょ》なく。

その姿を見て、私はふと思った。「この人、もしかして首相になるかも」。

その後ほんとに首相になっちゃったわけだけど、小泉さんて一匹狼と言われながらも、いつも堂々としてたわよね。人はそうやって、自分の立ち位置――つまり可能性を自分で決めているんだと思う。無意識のうちにね。

成功したいなら、電車だろうがカフェだろうが、つねに中心にいるべき。あなたは人生という舞台の主人公なのだから。


これはNG!

気づいたら眉間《みけん》にシワが寄っていた……なんてことない？　せっかく注目を集めても、しかめっ面じゃ台無し！　口元にはつねに微笑を忘れずに。

Sunday

✳

8 両肩を耳の後ろに持っていく

家でもカラダでもそうなんだけど、エネルギーが入ってくるときは、それぞれ入口が決まってるの。たとえば、水曜日のパワーは喉《のど》から入ってくるし、**日曜日のパワーは胸から入ってくる。だから、日曜日はとくに姿勢をよくしないと。**

猫背になってうつむいていたんじゃ、入口をふさいでいるのと同じ。せっかくの日曜日パワーが入ってこれなくなっちゃうわ。こころもちアゴを上げ、思いっきり胸を開きましょう。女王様になった気分でね。

10年くらい前になるかしら。エステの先生にこう言われたの。

「Ｋｅｉｋｏさん。いい？　肩と肩を結ぶ線は、耳より後ろにくるのよ。あなたの場合、耳より前にきてる。もっと肩を引きなさい！」

えっ？　耳より後ろ？　それは胸張りすぎでしょ。叶姉妹じゃあるまいし（笑）。

先生に言われたときはそう思ったんだけど……。

でも実際、耳の後ろに肩を持っていったときの自分を鏡に映すと、全然おかしくない。むしろ、首からデコルテのラインがとってもキレイに見えるの。

なあるほど。両肩は引きすぎぐらいがちょうどいいんだ——目からウロコの瞬間だったわ。

確かに、姿勢が悪いとパワーが入ってこないばかりか、貧相に見えるわよね。エステ業界の重鎮と言われるこの先生、そのときこうもおっしゃった。

「運を上げたいなら、まずは姿勢をよくなさいな。姿勢の良し悪しで運は変わるのよ」

これは NG!

顔だけチェックして満足してない？　女性の魅力は目鼻立ちより全体の雰囲気。姿見で全身のバランスチェックを忘れずに。

Sunday ＊ 9

ボサノバを聴く

私はクラシックが好きだけど、日曜日に聴くなら断然ボサノバ。

というのも、日曜日とラテン音楽はすごく相性がよくて、なかでもボサノバが、日曜日のエネルギーにいちばんマッチするからなの。

面白いことに、国や都市にもそれぞれ特有のエネルギーがあってね。

たとえば、日本は月曜日のエネルギーを持ってるし、アメリカは木曜日のエネルギーが強い。ロシアは土曜日、中国は火曜日かな。

そして、**日曜日のパワーを持つ国といえば、ずばりブラジル。**日曜日にボサノバがベストマッチするのは、それが太陽の国・ブラジルで生まれた曲だからなのね。

パワーを取り入れる方法はいろいろあるけど、音楽を聴くのは最も効果的なもののひとつ。なかでも、日曜日のエネルギーは「リズム」に乗ってやってくるから、ノリのいい音楽を聴くのが最高のパワーＵＰになるの。

大きな夢を次々に叶えている友人のＴ君は大の南米好きで、いつもボサノバを聴いてるのね。彼いわく、「ボサノバを聴いてると、アイデアが湧いてくるんだよ。とくに日曜日はこれでもかってくらいアイデアが浮かぶね――」。

このセリフを聞いて、やっぱり！　と思ったわ。

日曜日はボサノバと相性がいいから、いいアイデアが浮かぶのは当たり前といえば当たり前。

その日にいちばん相応しいことをするのが、やっぱり成功のヒケツなのね。


これはNG!

失恋の歌なんか聴いてない？　日曜日に悲しいメロディーはＮＧ！　思わずリズムをとりたくような、陽気な曲を聴くこと。

Sunday ＊

10 ソーラーウォーターを飲む

日光浴が健康にいいのはよく知られてること。それは確かなんだけど、私は、日光浴の本当の意味って、じつはデトックスなんじゃないかなって思うの。

太陽の光には悪いものを追い出す力があって、私たちの肉体や思考に巣食ってる邪気をものの見事に取り払ってくれる。布団を干すのと同じ理屈ね。

曇りや雨の日は効果を実感しにくいけど、それでも、太陽自体のパワーが落ちてるわけじゃない。気持ちよく日向ぼっこはできなくても、細胞レベルにはちゃんとパワーが届いてるのよね。とくに、**日曜日は太陽エネルギーの塊みたいな日だから、意識して日の光を浴びるといいの。**

そうそう。「ソーラーウォーター」って聞いたことあるかしら?

私は日曜日によく作るんだけど、作り方はいたってカンタン。

ブルーのボトル（ガラス製のもの）にミネラルウォーターを入れて、1時間ほど日の光が当たるところに置いておく。たったこれだけ。

こんなに簡単に作れちゃうソーラーウォーターなのに、そのデトックス効果たるや驚くほど。なんと、細胞が記憶してるネガティブなパターンを消し去ってくれちゃうの！

週1回でもこれを飲んでいくと、心の傷やトラウマはもちろん、過食や偏食なんかも少しずつ解消されていくわ。1・5〜2リットルのソーラーウォーターを日曜、月曜の2日間で飲みきるのがベストよ。

これはNG!

添加物や糖分の多いジュースを飲んでない？　フルーツと相性のいい日曜日は、果汁100％のフレッシュジュースがオススメよ。

Sunday ＊ 11

プチホームパーティーを開く

人生に楽しいことはたくさんあるけど、いの一番にくるのはやっぱり「食べること」なんじゃないかしら。

美味《おい》しいものを食べてるときって、無条件にシアワセじゃない？

それが大好きな人や気の合う仲間とだったら、もう最高！

これ以上のシアワセはないってくらい、満ち足りた時間を過ごせるわよね。

日曜日はぜひ、そんな時間を味わってほしいの。

日曜日は、「楽しい時間」をどれだけ多く持てるかがポイント。

楽しい時間が多ければ多いほど、日曜日のパワーが活《い》きてくるのよ。楽しい会話をしながら美味しい食事に舌鼓《したづづみ》を打つ——これのスゴイところは、五感がすべて刺激されるってこと。

味や香り、ビジュアルはもちろん、温度や手触りといった触覚も使うし、そこに会話が加われば聴覚も使うでしょ。カトラリーが奏でる音すら心地いいBGMになるわ。ふだんの生活で五感をこれほどまんべんなく使うことって、食事以外にはないんじゃないかしら。

ちなみに、**日曜日の食事は一対一で向かい合うというより大人数でテーブルを囲むものとイメージしてみて。**いちばんいいのは、ホームパーティーを開くこと！　そんなだいそれたものじゃなくて持ち寄りで気軽に集まるカンジで十分。仲間が集《つど》ってワイワイ楽しく食事をすれば、これ以上ないってくらい日曜日パワーを吸収できるわ。

これはNG!

ファーストフードをディナーにしてない？　日曜日は、たとえ一人であっても豊かな食事を。おかずの種類を多くするのがポイント。

これも
日曜日に!

たちまち開運
パワーアクション

Power Action

★レゲエを聴く
★イニシャルペンダントをつける
★名刺を作る
★サイン(英語)のデザインを考える
★カフェのテラス席に座る
★ポートレイト写真を撮ってもらう
★ヘアサロンに行く
★イタリアンレストランに行く
★ダンスのレッスンを受ける
★高級ブランド品を購入する
★トロピカルフルーツを食べる
★電球を明るいものに替える
★布団と玄関マットを干す
★テーマパークに行ってみる
★歴史上の人物の伝記を読む
★ホテルで朝食をとる(前泊すればさらに良し)
★日光浴をする
★ハチミツパックをする
★子供と一緒に遊ぶ

★**パワー方角**　北西
★**パワータイム**　8〜9時
★**パワーカラー**　ゴールド、オレンジ
★**パワーナンバー**　1
★**パワーモチーフ**　太陽、ハート

一発逆転のおまじない

両手の親指と人差し指で胸の真ん中にハート形を作り、目を閉じて「よし、カンペキ」と一言。自信溢れる自分になれる。

Column

「7曜日メソッド」は こんなふうに誕生した!

「曜日のパワーって、凄いかも……」

そう気づいたのは、会社を辞めて1年半後のこと。今から7年くらい前かな。

当時の私は、会社を辞めて恐ろしくぐうたらな生活をしていた。

もともとやりたいことがあったわけでも、次の仕事が決まっていたわけでもない。

ただ、「ああ、もう十分学んだ」っていう思いがあって、40というキリのいい歳でもあったので辞めたのね。

べつに会社が嫌いだったわけではなく——っていうか、むしろ好きだったんだけど、それでも、毎日8時間以上を否応なく拘束される日々は、やっぱりかなり苦痛だったんだと思う。

その証拠に、会社を辞めたときの解放感ときたら!

毎日決まった時間に出社しなくてもいい。好きなときに好きな人と会い、好きな所に行ける。私は自由だ、晴れて自由の身になったんだああ!

自由ってすごいことだなあと、日々幸せをかみ締めていたわ。

でも、緊張の糸が一気にほぐれたせいか、お昼すぎに起きたり全然ものを食べなかったりということが多くなって、だんだん生活がだらけてきちゃったのよね。

自由になった分、生活にメリハリがなくなったっていうか。

で、ある日「これはマズイかも（汗）」と気づいて、生活を立て直すことを決意。

でも、どうやって立て直そう？

ジムに行く？　学校にでも通おうかしら？

いやいや、そんなんじゃなくて……なにかこう、日々のリズムがほしいのよね……。

そんなときふと思いついたのが、「曜日」のリズムにそって過ごす方法。

私は占星術を知っているから、7つの曜日にそれぞれ特有のパワーがあることはわかってた。

そっか。曜日のパワーに便乗しちゃえばいいんだ。これだったら、毎日のことだからメリハリがつくしね。

よし、これでやってみよう！

そんなわけで、さっそくライフスタイルの改善に乗り出したの。

今でも覚えてるんだけど、その日は日曜日だった。

日曜日は「舞台」とか「芸術」に縁の深い日だから、まずは手始めに観劇に行こうと思ったのね。

ちょうどいいことにオペラ公演をやっていて、さっそく出かけましたよ。

帰り道、「やっぱり本場のオペラは違うわ～。今日が日曜日だったってことも大きいわね。滑り出し上々♪」とほくそえみながら、無事日曜日のミッションを終了。

翌月曜日は「女性であることを愉しむ日」なので、不得意ながらも料理をいっぱい作ってみた。

作りながら、「うーん、もう少しレパートリーがあったらいいのになあ」と思い、「お稽古事」に最適な水曜日に、イタリア料理の体験コースに行ってみたり。

……とまあ、そんなふうにそれぞれの曜日に相応しい生活をし始めたら、みるみるいい流れがくるではないの！

通訳をちょっと手伝っただけで「えっ、ケタ間違ってない？」みたいな額が振り込まれたり、旅行に行けばグレードアップでスイートルームが用意されていたり、貸主の都合でより豪華なマンションに引越しさせられたり。

そんなふうにしてたら、仕事や恋人も自然にGETできちゃった（笑）。

そのときわかったのは、ほんの小さなことであっても、その日のミッションがあると1日の充実度が違うってこと。

しかも、そのミッションが曜日のエネルギー——つまり宇宙の意図にそっていることを知ったうえで実践しているから、なんとも言えず気分がイイ。

宇宙の一部になっている感覚があるのね。

「曜日のパワー、恐るべし……」

3ヶ月もしないうちにぐうたら生活から這《は》い上がった（っていうか、自然にそうなった）自分を見て、誰も知らない「宇宙律」を解読したような、誇らしい気分になった。

そして思ったわ。「これは使える！」ってね。

Keikoの「7曜日メソッド」は、こんなふうにして誕生したのです。

第2章

7曜日メソッド

月曜日

女性力を磨く日

Monday

Check

月曜日パワーはこんな願いを叶えてくれる!

- □ 一日も早く結婚したい
- □ 幸せな家庭を築きたい
- □ 早く子供がほしい
- □ 女の幸せを味わいつくしたい
- □ いい奥さんになりたい
- □ つきあっている彼にプロポーズさせたい
- □ 女性力をUPさせたい
- □ 女としての自信をつけたい
- □ 男性から結婚対象として見られたい

こんなあなたは月曜日パワーで一気にリベンジ!

□女であることを愉しめない
□女に生まれてソンだと思っている
□もう何年も彼氏がいない
□失恋から立ち直れずにいる
□つねに「なにかが足りない」と感じる
□ダラけた生活から立ち直りたい
□悪習慣を断ち切りたい
□生理不順を治したい
□一生結婚できないのではと不安になる

Monday ✳

1 白いブラウスを着る

女性性を高めたいなら、ファッションはやはりスカートが基本。かくいう私はジーンズが大好きで、週の半分はジーンズを履いてるかな。男性化しないよう、せめて週2日くらいに留《とど》めようと思ってるんだけど。でもね、ふだんそういう格好をしてるからこそ、スカートの威力がよくわかるの。

というのはね、ふだんジーンズを履いてる私がたまにスカートを履くと、まわりの男性の対応が違うのよ、明らかに。一言で言えば、みんな優しくなる（笑）。

もしあなたが、身近な男性やお目当ての人に女性扱いされてないと感じてるなら、まずファッションに問題があるんじゃないかしら。

ラクな服装ばかりしてない？　ダボッとした服ばかり着てないかしら？　男性は視覚優位のイキモノだから、まずは見た目で、あなたが「女であること」を知らせなきや。

カチッとしたパンツスタイルやラフなジーンズももちろんＯＫ。でも、**月曜日に限っては、「スカート＋ハイヒール」でいきましょ。**月曜日は女であることを再認識する日ですもの。

じゃあ、上になにを持ってくるか。オススメはズバリ、白いブラウス。シルクのブラウスならベストね。ブラウスはなんといっても女性ならではのアイテムだし、シルクは月曜日のパワーを最高に高めてくれる素材。柔らかいラインの白いシルクブラウスは、月曜日の定番といってもいいくらいよ。

これはNG!

男っぽいシャツを好んで着てない？　襟《えり》がある服は男性パワーが強い。胸元の空いたブラウスで女らしさを演出して。

Monday ＊

2 すべてに「YES」と答える

最近しみじみ思うのは、「受け入れること」の大切さ。女性力というものがあるとすれば、それは「受け入れる能力」なんじゃないかなって。

たとえば、夜空に輝く月をイメージしてみて。月自体はまったく光を発していないにもかかわらず、太陽の光を受けて煌々《こうこう》と輝いてるでしょ。人間もまったく同じなのよ。女性は自分のもとにきたものを受け入れ、それを育《はぐく》んでいくのが得意。つまりね、**女らしさというのは、あらゆることを「受け入れる」ことで開花していくの。**月に支配されている月曜日はとくに、このことを意識して過ごしてみるといいんじゃないかな。人が言ったことを否定しない。すべて受け入れてみる、とかね。

以前、同級生のA美ちゃんに「ねえ、私って、どうしてカレができないんだと思う？」って真顔で訊かれたことがあったの。A美ちゃんはすごくキュートな子なんだけど、新聞記者という仕事柄か、男性にたてつくことがめっぽう多い。これじゃあ、みずから女らしさを否定してるようなもの。

「たとえばだけど、〝それは違うんじゃない？〟みたいな否定形をやめてみたら？　男性の言うことに対して、すべてYESで答えるの」

怪訝《けげん》な顔をしてたA美ちゃんだったけど……「最初は難しかったけど、とにかく肯定するって決めたら人間関係がどんどん良くなってもうビックリ！　恋人までいってないけどそれらしき人はできたわよ。効果あるわね～」。でしょ？　否定しない。すべてを受け入れる。これを実行するだけであらゆることが好転していくからフシギね。

これはNG!

オウム返しに「ムリです！」な～んて言ってない？　ムリそうだったら、どこまでできるかを提案して。否定することは可能性を失うことと心得て。

Monday
✳

3 シュークリームを食べる

月曜日にぜひ食べてほしいのが、キャベツやカブ、トマト、カボチャといった球形のお野菜。フルーツでもいいわね。

とくにキャベツは「必ず！」と念押ししたいほどのパワーフード。胃腸にいいばかりでなく応用の効く野菜だから、月曜日のメニューにぜひ加えてほしいな。

月曜日は食べ物に限らず、丸い形をしたものはすべてラッキー。カフェに入ったら二人席より丸テーブルに座った方がいいし、四角いケーキより丸いケーキを食べた方がいいの。

私のイチオシは断然、シュークリーム！　シュークリームがいいのはね、中にカスタードクリームが入ってるから。乳製品も月曜日のラッキーフードだから、「カスタードクリームin 球形」ということで、ダブルパンチの開運フードになるわけ。

私はここ十数年、月曜日のおやつはシュークリームと決めてるわ（笑）。甘いものを摂《と》り過ぎるのはよくないけど、女の子にスイーツはある程度必要なのよ、やっぱりね。だって、女性は甘い存在であるべきでしょ？
男性が「辛くて硬い」イキモノだとすれば、女性は「甘くて柔らかい」イキモノ。人の性質は口にするものでいかようにでも変わるから、女らしくなりたかったら甘くて柔らかいものを食べればいいの。とはいえ、食べすぎは禁物。あくまでも「少量をときどき食べる」というスタンスでね。ちなみに、小物やインテリアでも、丸いものを身のまわりに置くと女らしさがＵＰするわよ。

これはNG!

身のまわりに四角いものや尖《とが》ったものを置いてない？　角のあるものは人間関係を冷ややかにする。インテリア、時計、小物などは丸いフォルムを選んで。

Monday

＊

4 アフターファイブを家で過ごす

近年流行《はや》りの「パワースポット」。

パワースポットというと戸隠神社とかセドナとか……何週間も前から準備して「さあ行くぞ！」っていうようなイメージがあるけど、じつは、もっとずっと身近なパワースポットがあるの。たとえば、あなたのお家もそのひとつ。

家というのは、一日の疲れを癒して明日への英気を養ってくれる場所。

ここがパワースポットでなくてなんなのって思わない？

「え～～、私の部屋はとてもパワースポットとは呼べないわあ……」

そう思ったあなた。どうぞご安心を。

月曜日は、住まいをパワースポット化するのに最適な日。

今現在、部屋がめちゃくちゃに散らかっていたとしても、月曜日にきちんと整理整

頓すれば問題ナシ。その行為自体が開運になるんですもの。

そのうえでテーブルクロスを変えてみたり、家具の位置をちょっと変えてみたり、窓辺に花を飾ってみたり……そんなふうにして居心地の良いスペースを作り出せば、家がたちまちパワースポットになるわ。

そもそも家は、女性にとって「本来いるべき場所」。月曜日にかぎっては、家で過ごす時間が長ければ長いほどいいの。

仕事が終わったらまっすぐ家に帰って、お料理をしたりお洗濯物を片付けたりしながら、のんびり過ごすのがイチバンよ。専業主婦になったつもりでね（笑）。

これはNG!

テレビやインターネットに夢中になって、夜更かししたりしてない？　寝ることでパワーがもらえる月曜日は、11時にはベッドに入ること。

Monday ✳

5 水まわりを掃除する

2年ほど前、あるレストランに招待されたときのこと。

一緒にいた人いわく、「ここの店、いま日本でいちばん予約が取れないお店らしいよ」。

でも私は思った。このお店、そう長くないなって。なぜって化粧室が汚れてたから。

私が見るかぎり、トイレ掃除に手抜きをしている店は間違いなく潰れる。案の定、そのレストランもつい最近閉店しちゃったわ。

これはね、個人の家も同じことなの。**トイレが汚い家は収入が安定しないし、お金も貯まらない**。なぜだかわかる？　「水まわり＝金脈」だからよ。

トイレの床がお金を生み出す「基盤」なら、お風呂や洗面所の排水溝はお金の「めぐり」――さしずめキャッシュフローといったところ。

安定した仕事がほしいなら、まずはトイレの床を塵《ちり》ひとつない状態にしておくこと。

これは基本中の基本ね。便器をピカピカにしておくことはもちろん大事だけど、その土台である床はそれ以上に大事なの。

そして、もうひとつ忘れちゃいけないのがバスルームと洗面台の排水溝。この2ヶ所をいつもキレイにしておくと、お金がどんどん入ってくるようになるわ。

これらはとりわけ詰まりやすい所だから、髪の毛や水アカが溜まらないよう、つねに清潔にしておくことね。

もちろんこれは毎日のことだけど、とくに月曜日は念入りに行ってほしい。**月曜日は「詰まりを取り除く」ことが最高の運気UP法**だからよ。

これはNG!

鏡や洗面台のまわりに水滴がついてない？　飛び散った水分はその都度ふきとること。バスルームを湿気ゼロにしておけば金運がさらにUP！

Monday ＊

6 シチューを作る

日曜日が本来の自分に戻る日なら、**月曜日は「女らしさを取り戻す日」**。

今の女性はありがたいことに（かな？）、男性とほぼ同じチャンスを与えられているわよね。でも女性の社会進出が進めば進むほど女性が男性化していってるのも事実。

女性は本来、男性が狩りに行ってる間、家にいて家族を守るのが仕事。

DNAの中に「外に出て働く」という情報は入ってないのね。

つまり今の女性って、女として想定外のことをやっているわけ。

本来男がやるべきことを1日8時間もやっていれば、女らしさが失われていくのは当然のこと。草食系男子が増えている背景には、女性が男性化しているっていうことがあるんじゃないかな。

とはいえ、男女の垣根がなくなりつつあるからこそ「女であること」を忘れちゃいけないと思うの。ふだん仕事をバリバリやっている人こそ女らしさを大切にしなきゃ。

ここでドキッとした人は、月曜日をきちんと過ごすことに注力！

月曜日は1週間の中で、いちばん「女性エネルギー」が高まる日。ふだん外食やできあいのものですませている人も、月曜日だけはしっかりお料理をしてほしい。「愛する家族のために料理を作る」という女性性の役割に立ち返るの。

ちなみに、この日作るのは、スープやシチューといった「煮込み料理」がベスト。時間をかけてじっくり煮込むことは、女らしさを高めることにつながるの。食材がまろやかになるにつれて、あなた自身のエネルギーも優しく穏やかになっていくわ。

これはNG!

冷凍食品やレトルトだけの食事をしてない？　やむを得ないときは肉や野菜を入れるなどして、なにかしら手を加えること。

Monday ＊

7 プチ行水をする

「水に流す」という言葉があるように、水は最高の浄化法。

海とつながりの深い月曜日は、水や塩を使った浄化法がとりわけ効果を発揮するの。

ちなみに、私がこの日よくやるのは、熱めのシャワーをガンガン浴びる「プチ行水」。バスタブに浸《つ》かったあと全身に粗塩をぬりたくって、5分ほどマッサージ。その後、シャワーを最強にしてカラダに浴びせまくるの。「打たせ湯」のイメージね。

シャワーを当てるポイントは首の後ろ、腋《わき》の下、そけい部（太腿《ふともも》の付け根）の3つ。この3ヶ所に邪気が溜まりやすいからよ。

なかでも、「首の後ろ」はいちばん大事！　水曜日の項で説明するけど、ここは言ってみれば、チャンスの入口。ここに邪気が溜まっていると、チャンスが入ってこなくなっちゃうの。

滝行のシーンを見ると、必ず首の後ろに水を当ててるでしょ。

そうやって、邪気や煩悩《ぼんのう》を取り払ってるわけね。

湯船に浸かるだけでも浄化にはなるけど、人混みの中に行ったときとか、今日は悪い気を受けたな～なんて感じたときは、湯船に浸かるだけじゃちょっと弱い。やっぱり「洗い流す」までいかないと。洗い流してこそ「禊《みそぎ》」になるわけだから。

このプチ行水には、イメージングもすご～く大事。滝に打たれながら、ネガティブなものが根こそぎ洗い流されるイメージをしてみて。

それだけで、たんなるシャワータイムが神聖な禊の時間になるわ。

これはNG!

前日のお湯に入ったりしてない？　これは浄化どころか、せっかく落とした邪気を再度塗りつけるようなもの。お湯はその都度入れ替えること。

Monday ✳

8 リンパマッサージをする

宇宙の流れに乗るためには、健康であることが大前提。

自分自身の「気」がよくなければ、宇宙のリズムと合いようがないもの。

人間の身体は「小宇宙」と言われていてね。自分が今ある状態は、自分を取り巻く環境と見事に一致しているの。たとえば、心の貧しい人は不幸な状況を引き寄せるし、不健康な人は不健全な環境を引き寄せる。気の流れが悪い人は、環境的にも滞《とどこお》っている――つまり、変化がほしくても起こらないということになるわけ。

流れに乗りたいなら、身体のメンテナンスは基本中の基本。

つねに自分のボディを「通りのいい状態」にしておかないとね。

そして、その「通りのいい状態」を作ってくれるのがリンパの流れ。

そう。**月曜日はリンパマッサージに最適な日**なの。

これは、月曜日の支配星である「月」が、リンパ節とつながってるから。リンパマッサージにもいろんなやり方があると思うけど、私がいちばん効果を感じるのは「かっさ」を使ったマッサージ。かっさというのはご存知の方も多いと思うけど、陶製の平べったい板みたいなもの。これで首筋、そけい部、膝《ひざ》の裏といったところをゴリゴリほぐしていくと、気がスーッと流れていくのがわかるの。手で揉みほぐすよりずっと力が入るし、なによりツボにはまる！

最初に、腋の下と膝の裏を10秒くらいギューっと押して、それからマッサージを始めると効果的よ。

これはNG!

無理して激しい運動なんかしてない？　月曜日はリラックスがいちばんの健康法。ヨガやストレッチなど穏やかなエクササイズを。

Monday

＊

9 「波の音」のCDを聴く

以前、夜更かしが続いて昼夜が逆転しちゃった時期があったのね。

その後、夜になっても寝つけない日が続いた。

ハーブティーを飲んだり、アロマを焚《た》いたり、枕元に竹炭を置いてみたりといろいろやってみたんだけど、どれも今ひとつ効果がない。

乱れたリズムを取り戻すにはどうしたらいいのかしら……と考えたとき、ふと閃《ひらめ》いたのが「波の音」を聴くこと。リズムが乱れてるんだったら、リズムを使って戻せばいいんじゃない？　って思ったのね。

というわけで、さっそく波の音のCDを試してみると、案の定、いつもよりずっと寝つきがいい！

その後も波の音を聴き続けたところ、2週間ほどで俄然寝つきがよくなり、3週間もすると自然に眠れるようになっていたの。

そして、逆転していた生活のリズムも元通りに。これには感動したわね。

ストレスによる不眠症に悩んでいた友人も、波の音をＢＧＭにしてから、1ヶ月ほどで不眠が解消したと言ってたわ。

知ってる？　波の音って、赤ちゃんが子宮の中で聴いている音に似てるんですって。

私たちはだから、波の音を聴くと無意識のうちに安心するらしいの。

月のパワーを持つ月曜日は、海と一体化しやすい日。

波の音がとりわけ功を奏する日でもあるわ。


これはNG!

寝る前にJポップを聴いたりしてない？　歌詞が入ってると左脳が刺激され、睡眠モードに移行できない。自然の音やモーツァルトがオススメよ。

Monday ＊

10 ベッドサイドに貯金通帳を置く

月曜日は「月」のエネルギーでできている日。

「月」と「ツキ」が同じ音なのはけっして偶然じゃないわ。

日曜日でめいっぱい充電し、月曜日でツキを呼び込む。

そして、火曜日か木曜日に勝負をかける——私の経験から言っても、この流れで事を進めていくとたいていのことはうまくいくわね。

ここで、ツキをさらに高める方法をひとつ。

お月様が三日月から満月に向かう時期は〝今あるものを増やす、大きくする〟パワーが強いの。これを利用して、**あなたが「増えてほしい」と思うものをベッドサイドに置いてみて。**たとえば貯金通帳とか。

好きな人にもっと愛されたいなら、カレの写真や持ち物を置いておけばいいし、自分の魅力を高めたい人は、自分の最高の写真を置いておく。シルクの布にくるんで置いておけば、月のパワーをよりいっそう吸収できるわ。

満月を過ぎてからは、逆に「小さくしたいもの、減らしたいもの」を置いてみる。無事願いが叶ったときの象徴をね。たとえば、体重を減らしたいならくびれたウエストの写真、心のわだかまりをとりたいなら屈託ない笑顔の写真、というふうに。

月は人の潜在意識につながっていてね、私たちが寝ている間に強力な働きかけをしてくれるの。

月のパワーを利用すれば、潜在意識を自由に操ることができるのよ。


これはNG!

ベッドサイドにお財布や現金を置いたりしてない？　お金はかなりの邪気を含んでいる。就寝中は邪気を吸い込みやすいので離れた所に置くこと。

Monday ＊ 11

三種の神器を使う

「女性の運は夜、作られる」――。

たとえこの本に書いてあることぜ～んぶ忘れたとしても、とりあえずこれだけは覚えておいてほしい。女性にとって、これはなにより重要なポイントよ。

「女性にとって」とあえて言ったのは、男性の場合はさほどでもないから。もちろん、男性にとっても夜が重要であることは変わりないんだけど、女性に比べたら、その重要度は半分くらい。

女性にとって夜が大事なのは、女性が「陰（－）」の存在だから。いっぽう「陽（＋）」の存在である男性は太陽で充電できるから、夜のパワーはさほど必要ないの。男性の場合は、日中――つまり太陽からどれだけパワーを吸収できるかの方がずっと重要なのね。

なかでも、いちばんパワフルなのは月のパワーが最高潮に達する満月の夜。そして、文字通り「月」に支配されている月曜日の夜。満月の日と月曜日は、月のパワーをめいっぱい吸収するために、次のことを実行してみて。

●リネン類は必ず洗い立てのものを使うこと。色は白かアイボリーで統一
●シルクのナイティを着る（コットンでもいいけどシルクがベター）
●ベッドサイドにユリの花を飾る

「白いもの」、「シルク」、「ユリの花」は、月のエネルギーを増幅してくれる三種の神器。この3つをまとうことで、寝ながらにして最高の運気を作り出せるというわけね。

これはNG!

携帯電話を目覚ましがわりにしてない？　電波を発するものは睡眠の妨げになる。目覚ましには普通の時計を使うこと。

これも
月曜日に!

たちまち開運
パワーアクション

Power Action

★シルバーのアクセサリーをつける
★赤ちゃんや子犬をだっこする
★インテリアショップを覗いてみる
★銭湯に行く
★実家に電話をする
★月光浴をする
★お弁当を作って持っていく
★白いエプロンを買う
★バストケアをする
★オルゴールを聴く
★下町の商店街に行く
★昔のアルバムをめくってみる
★なじみの店に行く
★料理番組を観る
★海岸や川べりを散歩する
★裁縫や編み物をする
★寝る前にホットミルクを飲む
★テーブルクロスを変える

★**パワー方角**　北
★**パワータイム**　20～21時
★**パワーカラー**　白、シルバー
★**パワーナンバー**　2
★**パワーモチーフ**　三日月、水玉

一発逆転のおまじない
ブラの内側に真珠をしのばせておくと、あなたの魅力がまわりに伝わりやすくなる。好きな人との距離を縮めたいときに。

Column

あなたの願望はナゼ叶わない？

私が「7曜日メソッド」を書いた目的はたったひとつ。

あなたを幸せにしたいから。

願いが叶って「あ～シアワセ♪」って感じながら生きる日を、一日でも多く味わってもらいたいの。

なにをもって「シアワセ♪」と感じるかは人それぞれ。

でも、願望が叶って幸せを感じない人はいないでしょ？

それに気づいたとき思ったの。

そうだ、「7曜日メソッド」を伝えよう。

そうすれば幸せな人が増えるわ、ってね。

人間にはいろ～んな欲がある。

食欲、性欲、睡眠欲の三大欲からはじまって、お金持ちになりたい、有名になりたい、異性にモテたい等々、人それぞれの欲があるわよね。

私は基本的に、欲望にいいも悪いもないと思ってる。

どんな欲望であれ、そうしたいと思うからにはその人なりの理由があるわけ。バックグラウンドというかね。

それは家庭環境や生い立ちからきているのかもしれないし、あるいは、もっとさかのぼって、過去世のカルマからきているのかもしれない。

いずれにせよ、その欲望を満たすことで、多かれ少なかれ幸せを感じることができるわけ。

だから、どんな欲でも叶えればいいと思う（もちろん、人に迷惑をかけない限りにおいてね）。

私たちは幸せを感じると間違いなくパワーアップするし、人を思いやる余裕も生まれる。

幸せなときって、フシギと怒りを感じないでしょ。みんなが幸せであれば、この世に争い事は起こらないのよ。

人間にたったひとつ義務があるとしたら、それは幸せになることかもしれない。

私はときどき、こんなメールをいただくの。

「願うことがなかなか実現しません。なぜでしょうか？」

う〜ん。ケースバイケースだから一概には言えないけど、考えられる理由のひとつに「真剣になりすぎ」っていうのがあるのよね。

「考えすぎ」って言ってもいいかな。

これがナゼよくないかっていうと、波動がおも〜〜くなるから。

宇宙には「同じ波動のものは引き合う」という法則があってね。

チャンスや幸運といった波動の軽いものは、やはり軽い波動で生きている人にしか寄りつかないの。

真剣になること自体は悪くないけど、それも程度問題。

真剣を通りこして執着になると、波動はとたんに重くなっちゃう。

そうなると、願望はまず叶わないわね。

だって、土俵が違うから。

たとえば、おしるこをイメージしてみて。

アズキは重いから底に沈んでるでしょ。

波動が重い人っていうのは、まさにこの「沈殿したアズキ」状態なわけ。

いっぽう、チャンスや幸運っていうのは、比重の軽い上澄み部分に存在してて、この両者は交わろうにも交われない。

つまり、波動が違うと存在する「階層」が異なるから接点がない、ってことなのね。


宇宙のサポートを得たかったら、つねに波動を軽くしておくこと。

「私の願いはなぜ叶わないんだろう？　私のどこがいけないんだろう？」

な〜んて真剣に考えちゃダメ。

そのうち現実になるさ、くらいの軽い気持ちでいるといつの間にか叶ってる。そういうものよ。

さて。

願いが叶わない理由はこれくらいにして、そろそろ本題に入ろうかな。

私は最近、あることに気づいたの。

それは、私のもとに寄せられる悩みが、大きくふたつに分かれるということ。

❶頑張っているのに願いが叶わない
❷スランプ状態が続いている。ネガティブなパターンから脱出できない

具体的な状況は違っても、ほとんどがこのどちらかなのよね。

でも、どうぞご安心を。

Keiko流「7曜日メソッド」は、このどちらにも絶大な効果を発揮いたしますわ♪

第3章

7曜日メソッド 火曜日

勝負をかける日

Tuesday

Check

火曜日パワーは
こんな願いを
叶えてくれる!

✓

□試験に合格したい
□ライバルに勝ちたい
□コンテストで優勝したい
□面接を通過したい
□営業成績を上げたい
□行動力をつけたい
□バリバリ仕事をしたい
□はやく結果を出したい
□情熱をかけるものがほしい
□運の流れを加速したい

こんなあなたは火曜日パワーで一気にリベンジ!

□怒りっぽく、すぐカッとなってしまう
□なにをするにも行動が遅い
□疲れやすい、体力がない
□いざというときパワーが出ない
□なかなか試験に合格できない
□いつも面接で落ちてしまう
□やる前からあきらめる傾向がある
□あれこれ考えて結局行動できない
□人と衝突することが多い

Tuesday ✳

1 朝見た夢をメモする

直感にもいろんな形があってね、じつは「夢」もそのひとつなの。**火曜日はとりわけ、夢から情報を得やすい日。**

なぜかっていうと、前日月曜の夜は月の影響で、潜在意識からの情報がどんどんダウンロードされてくるから。脳と潜在意識がつながっちゃうわけ。

つまり、月曜の夜に見る夢は、潜在意識からのダイレクトメッセージというわけ。大切なヒントを含んでいることは言うまでもないわ。

まあ、言ってみれば、夢というのはみな潜在意識なんだけど、それでも私の経験から言うと、**月曜の夜から火曜の朝にかけての夢はとりわけメッセージ性が高い。**予知夢を見やすい日でもあるしね。

ただ、気をつけてないと、夢ってすぐ忘れちゃうじゃない。だから、目が覚めたらすぐメモしておいた方がいいわね。前の晩から枕元にメモ帳を用意しとかないと(笑)。

ちなみにメモの仕方は、見た内容をこまかく書く必要はなくて、印象に残ったものだけをピンポイントで書く。「ニューヨーク」とか「赤いセーター」とかね。

私がある日見た夢は、場所がどうもドイツっぽくて、目の前にいたオバサマのネックレスが印象的だった。起きてすぐ、手帳に「ドイツ」「ネックレス」とメモしたわ。

そしてその2ヶ月後。急遽《きゅうきょ》ドイツに行くことになり、アクセサリーメーカーとビジネスをすることになったの！　後日スケジュール帳を見たら、メモしたのはやはり火曜日の朝だったわ。

これは NG!

「夢なんてべつに意味ないでしょ」な～んて思ってない？　夢は潜在意識からのプレゼント。チャンスや可能性とつながってることが多いのよ。

Tuesday ✳ 2 朝、髪を洗う

髪と頭皮が汚れていると、ラッキーなことはまず起こらないと考えた方がいい。

なぜって、宇宙とつながらなくなるから。

頭のてっぺんには「第七チャクラ」と呼ばれるツボがあってね、そこが宇宙エネルギーの通り道になってるの。目に見えないメッセージもここから入ってくるのよ。それを受け取る力が、いわゆる「直感」。

でも、頭皮が汚かったら入口がふさがれて、宇宙エネルギーが入ってこれない。となると、自分の知力体力だけで頑張らなきゃいけないでしょ。

これって、かなり大変なこと。

想像してみてほしい。追い風を受けてボートを漕《こ》ぐのと、まったく風のない状態でボートを漕ぐのとではどっちがラクか。

自力だけでも、もちろん生きてはいける。でも、大きな夢を叶えたり人並み以上の豊かさを手に入れるには、宇宙のサポートがどうしても必要になってくるの。宇宙とつながらないことには大勢の人を動かせないからよ。

火曜日は直感の働きやすい日――宇宙とつながりやすい日だから頭皮はくれぐれもキレイにしておくこと！ できれば朝シャンして頭皮をゴシゴシ洗ってほしい。前の晩でもいいけど、寝ている間けっこう汗をかいているからやはり朝洗う方がいいわね。シャンプーのあと塩で頭皮をマッサージすると、邪気がよりとれやすくなるわ。ただし、必ず自然塩（赤穂の塩など）を使ってね。

これは NG!

シリコンや界面活性剤の入ったシャンプーを使ってない？ これらは頭皮にこびりつくので、洗えば洗うほど逆効果。オーガニック100％のものを。

Tuesday

＊

3 赤い口紅をつける

女性の強みは、メイクひとつでイメージを変えられること。なかでもルージュの効果は絶大！　ピンクの口紅を塗ったときとナチュラルベージュにしたときとでは、顔の印象がまるっきり違うでしょ。

人に与える印象はもちろん、自分の気分までも変わっちゃうわよね。

火曜日のパワーカラーは、ずばりレッド。

火曜日はぜひ、すべての女性に赤い口紅をつけてほしい。

「私、赤い口紅は似合わなくて……」という人が多いけど、ひとくちに「赤」といってもいろんな赤があるじゃない？　血のような赤から朱色がかった赤まで、それこそ何十種類あることか。そしてそのなかに必ず、自分にしっくりくる赤があるはずなの。

似合う赤が見つかったとき、「えっ？　こんな自分もいるんだ！」っていう新しい自分を発見できる。それってワクワクしない？

とくに火曜日のレッドは、とてつもなくパワフル。どんなステキなハプニングが起こってもおかしくないわ。私の友人に、口紅を赤に変えた日にプロポーズされちゃった子さえいるんだから！

火曜日はとにかく、目立つ方がいい。目立ってナンボの世界よ。

そうそう、赤い口紅ってね、じつは魔除けにもなるの。

パワーが落ちていると感じるときは、赤い口紅で邪気封じをすると徐々にパワーが戻ってくるわ。お試しあれ。

これはNG!

ベージュやブラウン系の口紅を定番にしてない？　土曜日ならOKだけど、火曜日はできるだけ華やかな色を。グロスを重ねると◎。

Tuesday

✳

4 ふと思いついたことを実行する

あなたは考えてから行動する人？

それとも、考える前に身体が動いてるタイプかしら。

もし前者だとしたら、火曜日だけは後者になってみない？

たとえば、昔の友人の顔がふと思い浮かんだとする。

そしたら、電話なりメールなりしてみるの。このとき、「突然連絡したら驚かれるわよね、やめとこ」とか、「無視されたらイヤだし……」とか、あれこれ考えないこと！

火曜日は、スピードが命。スピードが命ということは、直感で勝負するということ。

ピンときたら即、動く。違うと思ったら引っ込む。

直感を使うってね、結局このふたつしかないのよ。理屈とか理由抜きで、やるかやらないか。行くか行かないか。つまるところ、これしかない。

「そんなに安易に決めちゃって、もし間違ってたらどうするの?」

そう思うかもしれない。でもね、考えたから正しい答えが出るってわけでもないのよ。だって、脳ミソにはしょせん、自分が経験したか、見聞きした範囲の情報しか入ってないいんだもん。

そんなちっぽけな範囲で考えるより、生存本能に直結している「直感」の方が正しい答えを知っていると思わない?

火曜日はあれこれ考えず、ふと思い浮かんだことをやってみる。この日の直感は思わぬチャンスにつながる可能性があるわ。

これは NG!

やる前から結果を考えたりしてない? 人の頭はどうしても悪い方に考えがち。思考に惑わされず、感性を大事にして。

Tuesday

＊

5 エレベーターのかわりに階段を使う

火曜日パワーを取り込むコツは、頭でなく身体を使うこと。

火曜日に直感が大事であることは説明したけど、直感ってどうやったら生まれるんだと思う？　そもそも、直感を生み出す方法なんてあるのかしら？

ええ、もちろんあるわ。それはね、「身体を動かすこと」。

考えてみて。ハーハーゼーゼー言ってるとき、ヒトは頭なんて使わないでしょ。肉体的にメチャ苦しいと頭が回らなくなるもん。逆に、そうやって思考が停止しているときは、本能の一部である直感が優勢になるわけ。

え〜、直感を磨くのに運動しなきゃいけないの？　ってゲッソリしたあなた、心配は無用よ。なにを隠そう、私も苦しい運動は大キライ。

スポーツジムも好きじゃないしね。でもね、わざわざジムに行ったりしなくたって、日常生活の中で身体を動かす方法はいくらでもあるわ。

たとえば私の場合、駅でエレベーターやエスカレータはまず使わない。建物でもなるべく階段を使うようにしてるわ。不思議なものでね、黙々と階段を上がってる最中って、ふとヒラメクことが多いのよ。まあ、2階まで行ったくらいではなにも浮かばないけど、4階、5階くらいまでテクテクしてると、けっこういいアイデアが浮かんでくる。考えてみれば、これって当然なのよ。だって、脳と足は直結してるんだもの。「いいアイデアがほしかったら階段を使うことだよ」ってその昔、ある上司が言ってたけど、ほんと、その通り。私も日々実感してるわ。

これは NG!

歩くのは面倒とばかりに、すぐタクシーに乗ったりしてない？　運を上げるにはカラダをこまめに動かすこと！　歩くのはいちばんカンタンな開運法よ。

Tuesday

＊

6 中華料理を食べる

火曜日のパワーフードはズバリ、中華料理！　なかでも炒め物はぜひ食べてほしい。

理由は、その調理法にあるの。あらゆる料理のなかで、中華ほど火を使う料理はないわよね。とくに炒め物は、火のパワーの結晶と言ってもいいくらい。

もともと火のエネルギーを持っている日に、口からさらにそれを取り込むことで、火曜日のパワーを何十倍にもしようというわけ。エネルギーは食べ物として取り入れるのがいちばん効果的だもの。

中国人って日本人とは比べものにならないほどパワフルでしょ。あれは、毎日「火」のパワーを取り込んでいるから。

だから、私たちもパワフルになりたいときは、中華を食べればいいの。自分で作るのもいいけど、本気でパワーUPしたいときは、プロの料理の方がいいわね。

だって、火力が全然違うもの。同じ麻婆豆腐であっても、家で作ったものと中華料理店のものとでは、そこに含まれる火のパワーが格段に違う。味ももちろんだしね。

ちなみに私は、火曜日は中華の日と決めていて、体力が落ちているときは炒めものをたっぷりいただくの。すると、それだけでみるみるパワー回復！

ステーキなんかよりずっと即効性があるわよ。

「今週は勝負！」っていうときは、火曜日に中華を食べておくことをオススメするわ。試合に勝ったところとか、面接に受かって喜んでる自分をイメージして食べると効果100倍よ。

これは NG!

カロリーを気にして油抜きの食事をしてない？「火＋油」は運気ＵＰに欠かせない要素。カロリーを気にし過ぎると運気が落ちるので要注意。

Tuesday

＊ 7 最上階でランチをとる

火曜日のパワースポットは「高いところ」。 高ければ高いほどベターよ。

もし休みがとれるなら、山にピクニックに行くのがオススメ。火曜日に富士山に登ったりしたら、かるく1年分のパワーはもらえるんじゃないかしら。

都会であれば、ホテルやオフィスビルの最上階がベスト。開業したての東京スカイツリーや、横浜のマリンタワーは最高のパワースポットね。

私の場合、火曜日の打合せはホテルの最上階と決めてるわ。

ふだんはロビーフロアを使うことが多いけど、火曜日は高いところの方が断然パワーあるし、実際、話がサクサク運ぶ！

ただし、注意しないといけないのは時間帯。火曜日のパワーは日曜日同様、朝から午後一《いち》くらいまでが最高で、それ以降は徐々にパワーが落ちてくるの。

もちろん、それでもないわけじゃないけど、火曜日パワーをフルチャージするのが目的なら、午後3時前には行っとかないと。

いちばんいいのは、ホテルの最上階でランチをとること。ランチの時間帯はなんといっても、火曜日パワーが最高潮に達するとき。

これに合わせてビルの最上階で食事をすれば、これはもう、パワフルであることこの上ナシ！

ランチしてる間、ず～っと光合成してるようなものよ。

いただくのが中華料理なら、まさにトリプルチャージね。

これはNG!

地下にある店がお気に入りになってない？「土の下」である地下はおしなべて波動が低い。たまにならいいけど、頻繁には行かない方が無難。

Tuesday

＊

8 オープンしたての店に行く

火曜日は「新しいもの」にツキがある日。

新しい人と組む、プロジェクトをスタートさせる、おろしたての服を着る……等々、なにかしら新しいことをすると、どんどんツキがまわってくるわ。

いちばんのオススメは、オープンしたてのお店に行くこと。

できたてほやほやらしきお店があったら、とりあえず入ってみて。

そして、手頃なものがあったら、べつに必要なくても買ってあげる。これは無駄使いじゃない、立派な「祝福」よ。だって、開店したばかりの日にお客さんがついたら、お店の人は無条件にうれしいじゃない？

人が喜ぶことをどんどんしてあげる。これが運を上げるヒケツなの。

幸運ってね、どれだけ人を喜ばせたかの結果なのよ。

そうそう。せっかく入ったなら、お店の人と会話を楽しむことも忘れないで。私はとにかく人に興味があるから、「どうしてこのお店を始められたんですか？」とか「今まではなにをなさってたんですか？」とか、けっこう根ほり葉ほり聞いちゃうの。でも、それで嫌がられたことはないし、むしろ仲良くなってトクすることの方が多いわ。

とにかく**火曜日は、なにかひとつ新しいことをやってみて**。細胞に刺激を与えてあげるの。知らない駅で降りてみるとか、口にしたことのないものを食べてみるとか。ふだん読まないジャンルの本を読んでみるのもいいわね。

これはNG!

なじみの店にばかり行ってない？　火曜日は「いつもの」を脱することがポイント。新規開店の店がなければ、はじめての店に入ってみて。

Tuesday
✳
9 キッチンをキレイにする

家の中でいちばん火を使う場所といえば、間違いなくキッチンよね。

火曜日は「火の居場所」であるキッチンをキレイにしましょ。

キッチンの気の通りが悪いと「火」のエネルギーが滞《とどこお》り、その家に住む人——つまりあなたが怒りっぽくなってしまうの。

溜まった熱が住人に乗り移ってしまうのね。

近頃やけにイライラする、ちょっとしたことで腹が立つ……な~んていう人は、たぶんキッチンが汚れているんじゃないかな。

食器が片付いていないと注意力が散漫になるし、食事の残骸が残っていると頭が痛くなったり、消化不良になったりする。腐った食べ物があれば、家の波動そのものががくんと低下するしね。たとえ冷蔵庫に入っていたとしても、腐ったもののエネルギーは恐ろしいほど伝わるのよ。
以前、友人のR子ちゃんが「近頃、偏頭痛に悩まされてるの。医者に行っても原因がわからなくて……」と言ったとき、なぜかピンときて、「ねえ、お台所、ちゃんとキレイにしてる?」と言ったら、案の定、汚かったらしい。
その日さっそく水まわりを消毒してコンロの油汚れをとったところ、偏頭痛がピタリと止んだとのこと。R子ちゃんはたいそう不思議がっていたけど、じつは不思議でもなんでもない。キッチンはカラダの大元を作る場だから、ここが汚れていたらカラダも不調を起こすのは当たり前なのよ。

これはNG!

電子レンジを使いすぎてない? 電磁波は食べ物のエネルギーを破壊してしまう。運気UPのためには、できるだけコンロの火を使うこと。

Tuesday

✳

10 キャンドルを灯《とも》す

ちょっとしたことなのに、知ってるのと知らないのとじゃ大違い！　ってことが世の中にはあるでしょ。たぶん、キャンドルパワーもそのひとつなんじゃないかな。

キャンドルにはね、右脳と左脳のバランスを整える、交感神経と副交感神経のバランスを整える、冷え性を改善する、直感力をＵＰさせる、場を浄化する……とまあ、ざっと挙げただけでもこれだけの効果があるの。

これはみな、火のパワーとその「ゆらぎ効果」によるもの。肉体、精神、心理面、そして空間的なものまで、**およそあらゆるもののバランスを整えるのが、キャンドルパワーのすごいところ**。

たとえば、私の知人の息子さんは、寝室にキャンドルを灯すようになってからウツが治ったらしい。もちろん、他にもいろんな治療をやってみたんだろうけど、キャンドルが治るきっかけになったことは確かみたい。

とにかく、**ダウンした状態をUPさせるには、火のパワーがイチバン！** お尻に火がついたらアッチッチ〜〜！って飛び上がるでしょ。火の効力って、まさにそれ。つまり、落ちたものを飛び上がらせる働きをするわけ。

月曜日の浄化が優しく穏やかなものなら火曜日の浄化は根こそぎ焼き尽くしてしまうような強烈なもの。たとえ小さなキャンドルであってもそのパワーは変わらないわ。スランプに陥ってる人は、お風呂でフローティングキャンドルを試してみて。「水＋火」のスペシャルパワーで一発逆転も可能よ。

これはNG!

部屋の灯りを蛍光灯にしてない？　蛍光灯の人工的な灯りはストレスのもと。オレンジ色の白熱灯に変えてみて。間接照明にするとより心地よい空間に。

Tuesday

＊

11 熱めの湯にさっと入る

ぬるめのお湯にゆっくり入るのが月曜日なら、熱めのお湯にさっと入るのが火曜日のデトックス法。

火曜日のルーラー（支配星）・火星は、時間をかけるのが大嫌い。とにかくせっかちさんで、なんでもサッサカやりたい人なの（笑）。

一般的には半身浴が健康によいとされているけれど、火曜日はすべてにおいてサッサカが基本。それがお風呂であってもね。

ゆったりのんびり入るより、時間を区切ってそれを繰り返すのがいいわね。

熱めのお湯に2～3分浸かって、冷水をあびて、また湯船に入る。

これを3回くらい繰り返すの。で、そのとき、お風呂掃除もついでにやっちゃう。

タイルの水垢《あか》をとったり、天井を拭《ふ》いたりとかね。**火曜日はカラダを動かせば動かす**

ほど運気UPになるから、ちょっとしたプラスαの動きを加えてみるといいのよ。

お風呂から上がって、かる〜い筋肉運動をすればさらにヨシ。

私がよくやるのはスクワットかな。四股《しこ》を踏む（スミマセン、女らしくなくて）みたいに両足を外側に広げ、膝の角度を90度に。その姿勢を5秒保って立ち上がる。これを5セット。最初のうちはキツく感じるかもしれないけど、慣れると軽くできるようになるわよ。

ちなみに、熱めのお湯に長湯は禁物。交感神経が高まって、寝つきが悪くなってしまうから注意してね。

これは NG!

石鹸をつけてゴシゴシ洗ったりしてない？ 日本の水は軟水だから、浴びるだけである程度汚れがとれる。タオルを使わず、手で優しく洗うのがベター。

これも
火曜日に!

たちまち開運 パワーアクション

Power Action

★シナモンティーを飲む
★スポーツジムに行く
★ラジオ体操をする
★スポーツ観戦に行く
★クルマのガソリンを入れる
★外車のショールームに行く
★レバーを食べる
★ガーリックの効いたものを食べる
★赤いものを食べる
（イチゴ、トマト、ニンジンなど）
★赤いランジェリーを身につける
★営業マンと話をする
★第九『歓びの歌』を聴く
★ジェットコースターに乗る
★推理小説を読む

★スポーティーな服装をする
★献血をする
★ミニスカートを履く
★宝くじを買う

★**パワー方角**　東
★**パワータイム**　10〜11時
★**パワーカラー**　真紅、ワインレッド
★**パワーナンバー**　8
★**パワーモチーフ**　シェル（貝殻）、ドラゴン

一発逆転のおまじない
大事なプレゼンや面接のときは、高級ブランドのライターをお守り代わりに。勇気と大胆さを与えてくれる。

Column

「7曜日メソッド」

利用法①
願望を叶える

曜日にはね、それぞれ「得意分野」があるの。

じつは、ここが7曜日メソッドのキモ。

いちばん重要な部分だから、しっかり理解しといてね。


私たちって、自分が得意なことは抵抗なくやってあげちゃうじゃない？

たとえば私だったら、「これ英語にしてくれない？」って言われたらホイホイやってあげちゃうと思うのよね。苦にならないから。

でも、「ボクにマフラー編んでくれないかな」って言われたら、きっと断ると思う。「それはできない、他の女性に頼んで」ってね。


これ、曜日もまったく同じなのよ。

自分の得意分野に関わることなら叶えてあげられるけど、それ以外のことはほとんどムリ。

たとえば木曜日は、物事を拡大することが得意だから、「人脈を広げたい」っていう願望は快く叶えてくれると思うの。「専門知識を高めたい」とかね。

でも、木曜日には拡大のパワーはあっても縮小のパワーはないから、「5キロ痩《や》せたい」という願望は叶えてくれない。

っていうか、叶えることができないの。

「それは土曜日さんの担当でしょ。僕はムリだよ」みたいな（笑）。


同様に、「成功したい」「有名になりたい」という人には日曜日のパワーが必要だし、「はやく結婚したい」「幸せな家庭を築きたい」という人には、月曜日のパワーがMUST。

「モテたい」「お金持ちになりたい」という願望がある人は、金曜日のパワーを借りなきゃいけない。

曜日のパワーを借りるというのは、その曜日に相応しい行動（＝ミッション）をとるということ。

そうやって、それぞれの曜日のエネルギーに同調しちゃえばいいの。

そもそも願望とか欲望を叶えるのって、人間の力だけじゃ無理なのよ。

そこには、必ず宇宙の意図が存在する。宇宙の許可というかね。

願いが叶うっていうのは、自分の願ったことに対して宇宙が「OKサイン」を出した状態。「うん、いいじゃん。やってみな」みたいな。

そして宇宙がOKを出すと、その分野を担当する惑星が、願いが叶う状況を作ってくれるの。

どんなちっちゃな願望でも、この仕組みは変わらないわ。

だから、なにかを叶えたいと思ったら、その担当惑星とあらかじめ仲良くなっておけばいい。

だって、仲良しさんから頼まれたら断れないじゃない？

OKを出すのは総元締めの宇宙でも、実際動くのは惑星たち。現場担当者と仲良くなっておかないとね、やっぱり。

火星のパワーがほしかったら火曜日のミッション、水星のパワーを借りたければ水曜日のミッションを集中的にやる。そうやって惑星と仲良くなっておけば、願いが叶いやすくなるというわけ。

ちなみに、願望をひとつに絞る必要はまったくナシ。

だって、人間の欲望は際限ないもん。

お金もほしいし、幸せな結婚もしたい。

社会的成功も手に入れたい!

それが偽らざる本音じゃないかしら?

そうであれば、日曜日、月曜日、金曜日のミッションを実行すればいいだけのハナシ。

加えて、ダイエットを成功させたかったら土曜日のミッションもやればいいし、面接を何度受けても通らない人は、底力をつけてくれる火曜日と、チャンスに強くなれる木曜日のミッションにチャレンジすればいいわけ。

そんなふうに、できれば、毎日どれかしらのミッションをやってほしいな。

毎日の積み重ねが流れを作るわけだから。

この本には、各曜日ごとにパワーをもらえる場所や食べ物、いちばん効果の出るデトックス法や風水などが具体的に書いてあるから、そのなかからピンときたものをチョイスしていただければOK。

そのうえで、自分に必要な曜日のミッションを集中的に実行すればカンペキよ!

7つの曜日にすべて親しむということは、全方位のパワーを身につけるということ。これが引き寄せ体質になる極意よ。

第4章

7曜日メソッド
水曜日

コミュニケーション力を高める日

Wednesday

Check

水曜日パワーはこんな願いを叶えてくれる!

✓

□コミュニケーション力を高めたい

□タイミングのよい人になりたい

□よい情報をキャッチできるようになりたい

□話し上手になりたい

□世渡り上手になりたい

□知的で教養ある女性になりたい

□軽やかに生きたい

□機転の利《き》く人になりたい

□順応性のある人になりたい

□第一印象をよくしたい

こんなあなたは水曜日パワーで一気にリベンジ!

□タイミングを逃してしまうことが多い
□人見知りが強い
□友人が少ない
□カンが鈍《にぶ》い
□空気が読めないと言われる
□考えを的確に伝えることができない
□人から誤解されることが多い
□人前に出ると緊張してしゃべれない
□余計なことを言って後悔することが多い

Wednesday

＊

1 交通手段を変えてみる

2年前のR香ちゃんは、おそろしく不幸そうな顔をしてた。「Keikoさん、今のこの私、なんとかならないかしら？　とにかく、運気を変えたいの、今すぐ！」。そう相談され、私はこう答えたの。

「路線変えてみたら？　今の会社、東横線でも行けるでしょ？」

「うん、でも……そうすると駅から15分くらい歩かなきゃならないんですよ～。今より早く起きるのはツライなあ……」と言いつつも、R香ちゃんはエラかった！　翌週からさっそく通勤路線を変更。それまでより1時間早起きして、お弁当まで作るようになったの。そうこうしているうちにカレができて、あれよあれよという間に結婚。今では「2年前のあの女性はダレ？」っていうくらい幸せそうな顔をしているわ。

占星学的に言うと、「乗り物」と「運」は表裏一体。このふたつは連動してるの。

だって、徒歩しか移動手段がない人と、どこにでも車で行く人、この二人の人生が同じなわけはないでしょ。

これは、どちらがいい悪いというハナシじゃない。そうじゃなくて、移動の手段を変えれば見えてくる景色が変わり、出会う人も変わるってことなの。**交通手段を変えるということは、運の流れを変えることと同じ**なのよ。

とはいえ、現実的に実行が難しい人もいるわよね。その場合は、水曜日だけ路線を変えてみるとか、道順を変えてみたりするといいんじゃないかしら。ほんのちょっとの変化が大きなシフトにつながること、けっして少なくないわ。

これはNG!

家と会社の往復だけになってない？　交通手段を変えられないなら、一駅前で降りるなど工夫すること。ワンパターンにチャンスはないと心得て。

Wednesday

＊

2 葛湯《くずゆ》を飲む

水曜日は、心の安定を保つことがなによりも大事。

というのも、真ん中が崩れるとすべてがダメになってしまうから。

たとえば、蝶つがいが緩《ゆる》むと扉がガタガタになっちゃうでしょ。

それと同じで、中日である水曜日が精神的に安定してないと、後半のリズムが狂ってしまうの。とはいえ、心穏やかでいることが大事と頭でわかってはいても、平静でいられないこともあるわよね。

そんなときにオススメなのが「葛湯」。

葛には「固めて安定させる」というパワーがあるの。

イライラしているときや心が揺らいでいるときに飲むと、不思議なくらい落ち着いてくるわ。

私もクズくんに何度助けられたことか（笑）。感情的に不安定になりがちな人は、キッチンに常備しておくといいわね。

私は寝る前に葛湯を飲むことが多いけど、水曜日にかぎっては朝、飲むようにしてる。情報の出入りが激しい水曜日はどうしても惑わされがちになるから、朝のうちにしっかり自分を安定させておくの。錨《いかり》で船を固定するようにね。

葛自体はまったく味がないけど、ハチミツや黒砂糖を加えるとすごく美味しい！　あったか〜い葛湯を飲むと、ささくれた心もいつの間にかニコニコ顔になっちゃうわ。ローカロリーで太る心配もなく、不思議なくらい心が落ち着く……葛は魔法の食材よ。

これはNG!

味の濃いものを食べ過ぎてない？　塩であれ砂糖であれ、摂りすぎると感情が不安定になっちゃう。とくに、味つけの濃いスナック類は要注意。

Wednesday

＊

3 水色のスカーフを巻く

以前、スピーチのセミナーに行ったときのこと。

講師の先生（男性）が水色のアスコットタイをしていたの。きっと話のプロだから喉をいたわってるのね～と感心すると同時に、「この先生、やるわね」と思った（笑）。だって、水色は「コミュニケーション力を高める色」。話のプロや喉を使う職業の人にとっては、まさにうってつけの色なんだもの。もしそれを知らずにつけているとしたら、先生は、自分にとって最高の色を無意識のうちに選んでることになる。それってすごいと思わない？

懇親会《こんしん》のとき、「先生はよくその色のタイをなさるんですか？」と訊いてみると、「他の色もつけますよ。でも、人前に立つときはたいていこの色ですね。いちばん調子がいいんですよ、水色のときが」

う〜ん、やっぱり！　色というのはどれも独自の波動を持っていて、発するエネルギーもそれぞれ。だから、目的や曜日によってうまく使い分けるといいのね。

いろんな人と話をする水曜日は、コミュニケーション力を高めてくれる水色がピッタリ！　水色を身につけることで人間関係がスムーズになり、自分を堂々とアピールできるようになるわ。

いちばんいいのは、先生のように喉に直接、水色を持ってくること。女性ならスカーフ、アクアマリンのチョーカーもいいわね。

それがムリなら、トップスに水色を持ってくるだけでも効果的よ。

これはNG!

タートルネックを好んで着てない？　タートルは女性性を隠し、コミュニケーション力を弱めてしまう。寒いときは明るい色のスカーフをうまく使って。

Wednesday

＊4 ペアで行動する

水曜日にチャンスを呼び込むコツは、「二人で行動すること」。

単独行動するより、誰かとペアになって行動するのがいいの。

相手は同性でも異性でもＯＫ。

同僚でも上司でもいいし、親友や親子でもかまわないわ。

私たちって、誰かと二人でいるときがいちばんよくしゃべるでしょ。

一人でいるときしゃべらないのは当たり前として、3人以上のときは、必ずしも自分が話さなくていい。他の二人がしゃべっていれば、べつにボーっとしててもいいしね（笑）。でも、二人のときは自分もしゃべらざるを得ないじゃない。

水曜日は「聞いて、話す」という会話のキャッチボールがテーマ。

自分が一方的に話すだけじゃダメだし、黙って聞いてるだけでも片手落ち。聞くこと、話すことのバランスが大事なのね。

ちなみに私は、大切なアポはできるだけ水曜日に入れるようにしてるの。

会話がスムーズだし、商談もうまくいくから。水曜日はやっぱり、コミュニケーションの神様（水星）がついていると思うのよね。

とくに初対面の人とのアポは水曜日がいいと思うな。契約書を交わすのもね。

そうそう、大事なことをひとつ。本当にいい情報というのは、大勢でいるときはけっして入ってこないということを覚えておいて。

真の情報は「一対一」で入ってくるものよ。


これはNG!

会話のとき、視線をそらしたりしてない？　誠意と熱意は視線で決まるの。「目は口ほどにものを言う」はビジネスでもプライベートでも同様よ。

Wednesday

5 5人以上の人と話をする

1週間の真ん中にくることからもわかるように、水曜日は週の前半と後半を結ぶ重要な存在。言ってみれば、蝶《ちょう》つがいみたいな役割なのね。

前半をいいカンジで過ごせたら、後半、さらにいい流れに持っていく。もし前半の流れがイマイチだったら、ここで流れを切り替えて後半に巻き返す。

その移行がスムーズにいくかどうかは、ひとえに水曜日の過ごし方しだい。

水曜日いかんで最高の1週間にもなれば、最悪の7日間にもなるわけ。

じゃあ、水曜日はどう過ごすのが正しいか？　って言うと……。

一言で言えば、「いろんな人とコミュニケーションをとる」ってこと。

水曜日は少なくとも、5人以上の人と話をする。これを意識してみてほしい。5人というのは、実際会って、意見の交換をした人の数。立ち話でもかまわないけど、挨拶だけの人はカウントしないから注意してね。5人という数には、ちゃんと意味があってね。**「5」というのは物事が発展していく数字なの。**4人と話して発展しないことも、5人目で新しい展開になることがままあるのよ。

運てね、自分一人じゃけっして変えることができないの。どんなに頑張ってもね。誰かと会って、話して、自分が与えられるものを提供し、相手からもなにがしかを受け取る――。そういうエネルギーの交換を何度も繰り返すうちに、徐々に波動が変わり、運気が変化していくのよ。人と会って話をすることは、運作りの基本。運はコミュニケーションの量と質で決まると言っても過言ではないわ。

これはNG!

一人で黙々と仕事してない? 水曜日は能率以上にコミュニケーションが大事。やりなれたことでも、まわりと確認しながら仕事を進めること。

Wednesday

＊6 反対色の食べ物を組み合わせる

「対極図」って知ってる? オタマジャクシが組み合わさったような、白黒の円があるでしょ。あれが対極図。宇宙の理《ことわり》である「陰と陽」の関係を表したものなの。

対局図は、まさに水曜日のエネルギーそのもの。前半と後半の真ん中にあって、両者のバランスの上に成り立ってるのが水曜日という存在。

だからこの日は、なんに関しても中庸《ちゅうよう》であることが大事。もちろん食事もね。

食事でいちばん大切なのは、量でもカロリーでもなく、バランスなのよね。酸性のもの(肉とかタマゴとか)を摂ったら、必ずアルカリ性のもの(野菜とか海草)を摂るっていう。でも、私はもっとカンタンに、色や性質で判断しちゃう。

たとえば、赤いものを食べたら緑色のものも食べる、白いものには黒いものを加える、というふうにね。ランチにトマトソースのスパゲッティを食べたら、夜はホウレン草のスープを作るし、豆腐には海苔とか黒ゴマをかける。ライ麦パンみたいに硬いものには、スクランブルエッグみたいにフワフワしたものを加えたり。

ポイントは、**必ず正反対の性質のものを持ってくる**ということ。

とりあえず、赤×緑、白×黒、黄色×紫、植物性×動物性、硬い×柔らかい、という5つの組み合わせをおさえとけば大丈夫なんじゃないかな。

ちなみに、塩と砂糖。このふたつ、見た目はほぼ同じだけど、真逆の性質を持ってるの。だから、甘いものに塩をひとふりして食べる。こうすると、エネルギーが中和されて太りにくくなるのよ。

これはNG!

乾きものが好物になってない？　乾燥したものを食べ過ぎると文字通り「乾いたオンナ」になってしまう。ドライフルーツは一晩水に浸すとベター。

Wednesday

＊

7 大嫌いなものを食べる

水曜日にぜひ食べてほしいものがもうひとつあるの。それは、あなたが「大嫌いなもの」。

当たり前だけど、嫌いなものってめったに食べないでしょ。

たぶん、一生のうちで数えるくらいしか食べないと思うの。

とくに好き嫌いはないという人も、ふだん食べるのはやはり好きなものが多いはず。よっぽど栄養を気遣っている人でないかぎり、私たちの食生活ってじつはかなり偏《かたよ》っていて、それが習慣になってるのよね。

そもそも人間って、「食べるもの」「行動」「考え方」の3つで成り立ってる。それがパターン化していて、一個の人間を作り上げているのね。

だから自分を変えたかったら、この3つを変えればいい。パターンを崩してしまえばいいの。ヒヨコが殻《から》を破って出てくるように人間も殻を破ることで大きくなるのよ。

とはいえ、長年慣れ親しんだパターンはおいそれとは変わらない。

そこで効果的なのが、**今まで避けていたものに敢えてトライすること。**

走ることが嫌いならジョギングしてみるとか、チーズが嫌いならチーズフォンデュを食べるとか（笑）。毎日だったらさすがに苦痛かもしれないけど、水曜日だけならさほど苦にならないんじゃないかしら。私はイカの塩辛が苦手なんだけど、こないだ何年かぶりに食べたら滞っていた仕事がはかどるはかどる（笑）。今まで口にしたことのないものやレアな食材（カエルの肉とか）を食べてみるのも、同じ効果があるわよ。

これはNG!

コンビニ弁当ばかり食べてない？　コンビニ弁当やファーストフードは「パターン化」の最たるもの。簡単なものでいいから手作りを。

Wednesday

✳

8 首の後ろを揉みほぐす

水曜日は情報収集に最適な日。必要な情報が入ってきやすい日でもあるわ。

もちろんこれは、万人に共通。なのに、世の中にはタイミングよく情報をキャッチする人と、そうでない人がいる。その差はどこにあるんだと思う？

それはね、「チャンスの門」が開いているかどうか。

「え、チャンスの門？　そんなのあるの？」と思ったかしら。

ええ、あるんです、じつは。首の後ろにね。

首の後ろ——髪の生え際と首の境目に、ちょっとした窪《くぼ》みがあるでしょ。いわゆる「ぼんのくぼ」と言われるツボなんだけど、なにを隠そう、ここがチャンスの入口。

いいこと？　**チャンスや幸運っていうのは、正面から堂々となんて入ってこない！**

首の後ろにある裏門からこっそり入ってくるの。

私が見るかぎり、運がないと嘆《なげ》く人は例外なく首の後ろが凝り固まってガチガチになってる。つまり、「門」が閉じてるの。これじゃチャンスが入ってこれるわけがないわ。運を呼び込みたいなら、まずはこの門を全開にしなきゃ！　やり方はカンタン。まずは「ぼんのくぼ」を何度か強く押してから、その下にある4個の骨を中心に、両手で左右に開いていくの。重い扉をジリジリ開けるようなイメージでね。

友人のK君にこれを教えたところ、その日からお風呂の中でジリジリやるのが習慣になったらしいの。すると2ヶ月後のある日、ずっと行きたいと思っていた会社から声がかかり、なんと年収が倍になったそうよ。

これは NG!

いつもうつむき加減で歩いてない？　うつむいていると頭の重さで首が凝り、さらにガチガチになっちゃうわ。歩くときは、こころもち上を見て堂々と。

Wednesday

✳

9 パソコンをキレイにする

一昨年だったかな。300件くらいのジャンクメールがガガーーンときた時期があったの。しかも、それが邪魔をして、重要なメールが一切入ってこない！　困ったな〜。どうしよう。いったいなにが起こったのかしら……と思いつつ手を休めたとき、目に飛び込んできたのがパソコンの汚れ。スクリーンが埃だらけで、見ればキーボードの溝にもいっぱいゴミが溜まってる。我ながら汚いな〜と思った瞬間、ピンときたの。「原因はコレだ！」ってね。ゴミや埃があると、間違いなく波動が落ちる。波動が落ちると低級なものを引き寄せるから、それでジャンクメールが増えたんだ！　今すぐパソコンを掃除しなきゃ——そう思って、さっそくお掃除開始。

ゴミと埃を取ったあと消毒して、「いつも仕事を手伝ってくれてありがとう」と語りかけながら、スクリーンとキーボードを丹念に拭いていった。最後に、ホワイトセージの煙で邪気を一掃。すると……あれだけきていたジャンクメールが3分の1以下になって、丸々1週間止まっていた受信メールが入ってきたではないの！

そういえばこの1ヶ月くらい前、ある人から「Ｋｅｉｋｏさん、パソコンに埃がついてるといい情報が入ってこないわよ」と注意されたっけ。このことだったのか……と思わず身震い！　パソコンの汚れってついないがしろにしがちだけど、まさかこれがジャンクメールを吸い寄せていたとは……。

水曜日は情報収集の日であると同時に、通信機器の修理やクリーンアップにも最適な日。**「水曜日はパソコンをキレイにする日」**って決めとくといいかもね。

これはNG!

古いメールを何ヶ月もそのままにしてない？　埃や汚れ同様、不要なメールも邪気の温床。定期的に削除すること。

Wednesday

10 ブログを書く

コミュニケーションの手段は、会話だけとはかぎらない。

ブログやメルマガも立派なコミュニケーションのひとつだし、最近はフェイスブックもポピュラーになってきてるわよね。

水曜日はこれらをフル活用して、どんどん情報発信してみてほしい。

情報は、タイミングが命。どんなに素晴らしい情報でも、タイミングが悪ければすべてアウト。

タイミングしだいでダイヤモンドにも石ころにもなる――それが情報というものの性質なの。

その点、水曜日ならタイミングはバッチリ！

コミュニケーションの星・水星に守られているから情報が的確に伝わるし、翌木曜日は「拡散」のエネルギーを持ってるから、その情報がたくさんの人に伝わる。

そして、「社交」が活発になる金曜日に、その情報がお茶やお食事の席で話題になる――水曜日に情報発信すると、こうした見事な流れが生まれるわけ。

水曜日はもともと情報運のある日だけど、だからといって、たんにやってくるのを待ってたんじゃダメ。こちらからも積極的に情報発信していかないと。

愛やお金と同じように、情報もまた、こちらから与えることでそれ以上のものが返ってくる。それが宇宙の仕組みなの。

いい情報を得たかったら、人が喜ぶような情報を自分から提供することよ。

これはNG!

ネット上でネガティブなことを書き込んだりしてない？　自ら発したエネルギーは何倍にもなって返ってくる。読み手がハッピーになる情報を心がけて。

Wednesday

＊

11 さざれ水晶を敷いて寝る

水晶に浄化力があることはみんな知っているわよね。その浄化力がいちばん高まるのが、じつは水曜日なの。

水晶は文字通り、水曜日にきわめて近い波動を持っていてね。水曜日に使うと、水星（水曜日の支配星）のエネルギーと共鳴して最高の浄化力を発揮してくれるの。

水晶といっても、丸いのやら尖《とが》ったものやらいろいろあるけど、私のオススメは「さざれ水晶」。これを、頭の下に敷いて寝ると最高の浄化になるのよ。

さざれ水晶というのは、水晶を切り出したときに出る切り屑《くず》。細かいから頭の下に敷いても邪魔にならないの。私はもともと枕を使わないので、水晶が枕代わりになってるわ。さざれ水晶はグラム単位で売ってるから、まずは適当な分量を買って試してみるといいわね。私は水晶に埋もれて寝るくらいが好きなので2キロくらい敷いてるけど、効果だけを考えるなら、そんなにたくさんは要らないと思う。少量でもパワーあるから、２００グラムくらいで十分じゃないかしら。
これをやって寝るとね、思考がものすごくクリアになるの。ネガティブな思考を取り去ってくれるから、心配性の人や落ち込みやすい人には超オススメ。寝つきもよくなるし、まさにいいことづくめよ。
私は、玄関やトイレなんかにも、盛り塩じゃなくさざれ水晶を置いてるのね。波動の高さはどちらも同じだけど、**塩は神様、水晶は宇宙につながるカンジ**かな。エネルギーの違いを試してみるのも面白いかもよ。

これはNG!

ベッドの下を押入れ代わりにしてない？　ここにモノがあると気の流れが滞り、邪気が発生してしまう。ベッド下にはなにも置かないこと。

これも
水曜日に!

たちまち開運
パワーアクション

Power Action

★ミントキャンディをなめる
★格子柄のストッキングを履く
★髪をポニーテールにする
★頭を下にしてブラッシングする
★逆立ち、もしくは片足立ちをする（左右各10秒くらい）
★炭酸水を飲む
★指と指の間を揉みほぐす
★ゼリーや寒天を食べる
★携帯番号やメールアドレスを変える
★清掃の人に「ありがとう」と声をかける
★ボイストレーニングを受けてみる
★セミナーや勉強会に参加する
★学生街でランチをとる

★昔の友人にポストカードを書く
★図書館へ行く
★時計を5分早めておく
★お米を左回りにとぐ
★ネイルサロンに行く

★**パワー方角**　東南
★**パワータイム**　13〜14時
★**パワーカラー**　水色、アップルグリーン
★**パワーナンバー**　5
★**パワーモチーフ**　星、キー（鍵）

一発逆転のおまじない
部屋の東南につがいの鳥のモビールをつるすと、あきらめていた知らせが舞い込むかも。

Column

「7曜日メソッド」利用法②

スランプから脱出する

スランプから脱出できない、過去にとらわれて前に進めない、同じパターンの繰り返しばかり……。
こういう人は、「願望を叶えたい人」とはやや状況が違うわね。

この場合は、自分のいちばん弱い面が足を引っ張っている可能性大。
そこからエネルギー漏れが起きているから、いつまでたっても這《は》い上がれないの。

これは、流れに乗る以前の問題ね。

サーフィンに行きたいと思っても、サーフボードを抱える体力がない。
流れに乗りたいと思ったところで、流れのあるところまで行けないわけ。
この場合はエネルギー漏れの原因をつきとめて、その穴をふさぐのが先決。自分の弱点を見極め、そこを集中的に強化しないと。

たとえば、なにをやっても中途半端という人は、明らかに土曜日のパワーが足りない。その場合は土曜日のミッションをやってみて。

同じように、チャンスがきても尻込みしてしまう人は「積極性」を授《さず》けてくれる火曜日に、人脈に恵まれない人は「拡大」の作用がある木曜日に、必要な情報が入ってこない人は「情報収集」が得意な水曜日に、それぞれのミッションを行えばいいの。

そうやって繰り返し行っているうちに弱点が強化され、エネルギー漏れもなくなってくるわ。

そうなったらもうこっちのもの。

エネルギー漏れさえなくなれば、あらゆることが効率よくまわりだす。「願う→叶う」という流れができてきて、そのサイクルがどんどん早くなってくるわ。「あ、さっき思ったことがもう叶っちゃった♥」みたいな。


私たちはこんなふうに、欠けているパワーをそれぞれの曜日からもらうことができるの。

もちろん、願い事同様、弱点もひとつだけとは限らない。

欠けているパワーが2つ3つあるのは普通だし、人によっては、7つのパワーをすべて身につけなきゃいけないかもしれない。


とはいえ、やりすぎは禁物。

このミッションをやることがストレスになってしまっては本末転倒よ。

「へー、こんな開運法もあるんだ~」くらいの気持ちで、楽しみながらやってみてほしい。

自分がどんなふうに変わっていくか試してみる、くらいのスタンスがちょうどいいわ。

自分にどの曜日のパワーが必要かは、各曜日の最初に載っているから参考にしてね。


頑張っているのに願いが叶わないのも、ネガティブなパターンから脱出できないのも、あなたが不幸な星のもとに生まれているからじゃない。

要は、「流れに乗る法」を知らないだけ。

それを知ってしまえば、状況なんていくらでも改善できるのよ。

第5章

7曜日メソッド
木曜日

可能性を広げる日

Thursday

Check

木曜日パワーは こんな願いを 叶えてくれる!

✓

- □楽天的でおおらかな人になりたい
- □人脈を広げたい
- □自分の可能性を広げたい
- □たくさんチャンスがほしい
- □人生をランクUPさせたい
- □スケールの大きな人間になりたい
- □自由なライフスタイルを手に入れたい
- □世界を股にかけて活躍したい
- □外国で暮らしたい
- □玉の輿《こし》に乗りたい

こんなあなたは
木曜日パワーで
一気にリベンジ！

- □ツイてないと思うことが多い
- □チャンスに恵まれない
- □独立したいが勇気がない
- □頑張っているのに評価されない
- □足を引っ張られたり邪魔が入ったりすることが多い
- □不安が先立って決断できない
- □ささいなことにこだわってしまう
- □人の欠点ばかりが目につく
- □不満やグチをこぼすことが多い

Thursday

✳

1 「木のストレッチ」をする

仕事や勉強の合間に、無意識にやっている「伸び」。

この「伸び」が、じつは木曜日にぴったりのエクササイズなの。

木曜日は「広がる」エネルギーを持っていて、カラダを伸ばすことでそのパワーがさらに増幅するのね。

ちょっと休憩というときや化粧室に行ったついでに、縦、横、ナナメ、いろんな方向にストレッチしてみて。スジや筋肉がぐぐ〜んと伸びるたびに、あなたのエネルギーも広がっていくわ。

ここでは、木曜日特有のストレッチ法をご紹介するわね。

まず、朝目覚めたとき、ベッドの中でこうイメージしてほしい。

「私は1本の木。これからスクスク伸びて、枝葉がどんどん広がっていく……」

これは、ベッドの中でまだうつらうつらした状態のときにやってね。そして、ベッドから出たら鏡の前にすっと立つ。踵《かかと》を上げながら両腕を上へ上へとできるだけ高く伸ばし、これがもう限界というところまできたら、両人差し指を立てて合わせる（忍者みたいに）。このポーズで10秒静止。このときもまた、自分が1本の木になったつもりで、お日様に向かって伸びていくイメージ。そして10秒数えたら一気に脱力してストーンとしゃがむ。これを2～3回繰り返せば、木曜日のウォーミングUP完了よ。緊張（伸びる）と弛緩《しかん》（しゃがむ）を繰り返すことで気の巡りがよくなり陰陽のバランスも整うという、まさに究極のエクササイズよ。

これはNG!

何時間も同じ姿勢を続けてない？　人の集中力は45分が限度。1時間仕事をしたら、いったん机から離れてかる～くストレッチを。

Thursday

＊2 グリーン＆イエロージュースを飲む

木曜日に食べてほしいのは小松菜、ホウレン草、チンゲン菜といった緑の葉っぱと、レモン、オレンジ、グレープフルーツといった柑橘《かんきつ》類。葉野菜は上に伸びるエネルギーを持っていて、木曜日が持つ「広がる」パワーを増幅してくれる。いっぽう柑橘類は、爽やかな酸味が怒りやこだわり、執着といった負の感情を洗い流してくれるの。

このふたつは、木曜日になくてはならない食べ物よ。

人間はね、食べるものでできてるの。食べることで、エネルギーと同時にその食べ物の性質も取り込んでいるのね。たとえば、ふっくらしたまろやかな女性になりたいのなら豆腐とかとろろを食べればいいし、スリムでシャープな人になりたかったら、ゴボウとかセロリを食べればいい。元気いっぱいの営業マンになりたかったら、チキンを食べればいいの（笑）。馬力をつけたかったら、文字通り馬刺しが有効だしね。

とはいえ、食べ過ぎは禁物。食べ過ぎると、その性質が裏目に出ちゃうから。いくらカニが好物とはいえ、毎日食べてたら自分の作った殻でがんじがらめになっちゃうし、プリンを食べ過ぎれば締まりのない身体つきになっちゃう。バランスを考えたうえで、自分の理想とする性質を持つ食べ物を、適度に取り入れる。これがいちばん大切なことよ。

私の場合、木曜の朝は「小松菜とグレープフルーツのジュース」が定番。ふたつが同時に摂れて、しかもバツグンに美味しい！　木曜日は、朝のうちにパワーを吸収しておくと一日の流れがスムーズよ。

これは NG!

毎日同じようなものばかり食べてない？「甘い、しょっぱい、辛い、苦い、酸っぱい」をまんべんなく摂ると、感情のバランスも整ってくるわ。

Thursday

＊

3 揺れるタイプのイヤリングをつける

あなたはイヤリングをつける派？　つけない派？

イヤリングは苦手って人もいるだろうけど、木曜日だけはぜひつけてほしい！　木曜日のイヤリングはそれほどのパワーアイテムなの。もちろん、ピアスでもＯＫよ。

ただし、条件がひとつ。それは、揺れるタイプのものであること。

木曜日は動けば動くほど運を引き寄せるから、小物にも動きのあるものがいいの。スカーフとかチェーンベルト、ストールなんかもいいけど、やはりイヤリングは外せないわ。**木曜日は、耳がエネルギースポットだから。**

さらに言うなら、色はブルー、もしくはターコイズ（トルコ石）がベスト。とくにターコイズは木星と縁の深い石だから、トルコ石のついた揺れるタイプのイヤリングだったら言うことナシね。

ちなみに木曜日のファッションは、オーバーブラウスみたいなゆったりしたものがいいわ。

下はピッチリしててもかまわないけど、上半身は緩やかなものがいいの。たとえばシャツよりブラウスがベターだし、ドルマンスリーブとかドレープのあるデザインもオススメよ。

そして、最後のキメは耳たぶのハイライト。ほんのちょっとしたことだけど、これがあるのとないのとでは大違い！　シルバーのハイライトをひとはけすれば、チャンスの女神が振り向くこと間違いなしよ。

これはNG!

堅苦しい服で身を固めてない？　あまりにもスキがないと、人もチャンスも近寄ってこれない。スーツを着るなら明るめの色、柔らかさのある素材を。

Thursday

＊

4 一駅先で降りる

「一駅前で降りる」っていうのはよく聞くけど、木曜日にかぎっては「一駅先」で降りるのが正解。なんなら二駅か三駅先でもいいわ。なぜって、**木曜日は遠くに行けば行くほどパワーがもらえるから。**わざと遠回りして目的地に行く、なんていうのもGOOD。とにかく、木曜日は動いた分だけパワーをもらえると考えて。

チャンスはね、移動した距離と時間に比例するのよ。チャンスに恵まれている人たちを見ていると、みんな、とにかくよく動く！　明日は北海道、帰ってきてすぐ沖縄、な～んていうのはザラだし、たった1時間のアポのために東京～大阪日帰りなんてことも気にしない。

成功してる人たちは、会いたい人がいたらすぐ会いに行く。訪ねたい場所があったら即、足を運ぶ。そんなことが日常になってるの。だから事の進展が早いのね。

時間が凝縮されるから、チャンスも矢継ぎばやに訪れるというわけ。

チャンスがほしかったらみずから動く。移動する。これは開運の鉄則よ。

チャンスというのは、かかる時間とお金と労力を省みず、その目的に向かっていったことに対するご褒美《ほうび》なんだと思うの。

私は2年前、「ソウルメイトを引き寄せるジュエリーがある」という噂をきいて即、ドイツに飛んだことがあった。シーズン中でチケット代もホテル代もえらく高かったけどとにかく実物を見たい！　と思ったのね。結果、そのメーカーから独占販売権をもらって日本に紹介できることになった。行動したからこそ成功できたんだと思うわ。

これはNG!

「時間がない」をすべての理由にしちゃってない？　チャンスがほしいなら積極的に動くこと。一見ムダと思えることも、積み重なれば大きな収穫に。

Thursday

＊

5 ランチをおごる

父が社交的だったせいか、うちには来客が多かった。

私は小さいときからお客さんたちの話をきくのが大好きで、幼な心に「世の中にはいろんな人がいるもんだな～」と思いながら、人間観察をしていたのよね、無意識のうちに。

で、そのうち、成功する人とできない人がはっきりわかるようになったの。チャンスに恵まれる人と、そうでない人の違いが。

最初に気づいたことは、**チャンスに恵まれる人はみな太っ腹**だってこと。

彼らはみな、自分の手元にきたものを人に分け与えることが習慣になっていて、プレゼントしたり人にご馳走《ちそう》したりするのが大好き。

まあ、男性だからええかっこしいの部分もあるのかもしれないけど、それよりなにより、「人を喜ばせることが好き」っていう気持ちが根底にあるのね。

べつに、お金持ちだからそうしてるわけじゃない。いまや長者番付常連のKさんは、六畳一間に住んでたときからそうだったもの。

そして、木曜日のパワーをもらえるのは、まさにそういう人。人が喜ぶことをすると、あなた自身のパワーもどんどん大きくなっていくの。たとえばランチをご馳走したり、お茶をおごったり。差し入れを持っていくなんてのもいいわね。

木曜日は、自分が人にしてもらったらうれしいことを、先にやってあげちゃうのが正解。チャンスの数は、あなたが喜ばせた人の数とイコールなのよ。


これはNG!

損得勘定で人間関係を決めてない？　相手からなにが返ってくるかより、「この人をどうやって喜ばせよう？」と考えてみて。

Thursday

✳6 バイキングに行く

木曜日にランチをおごると、ツキがまわってくることはわかった。

じゃあ、いったいなにを食べればいいのかしら？

それはもう、なんたって「バイキング（ビュッフェ）」でしょー。

木曜日は、選択肢が多ければ多いほどいいの。なんに関してもね。いろんな所に足を運んで、たくさんの人に会って、様々な話を聞く。**24時間という時間の中で可能なかぎりの経験をすることが、木曜日最高のパワーUP法なの。**

もちろん、食事に関しても同様。その点、よりどりみどりのバイキングなら、いろんな料理を楽しめるでしょ。くわえて、**木曜日は「外国」と縁が深い日。**ふつう食事に行くときって、「和食にする？　フレンチにする？」みたいに「何料理を食べるか」を最初に決めるじゃない。でも、バイキングなら中華もあればイタリアンもある。まさに木曜日にぴったりのお食事なのよ。バイキングでランチをおごっちゃえば、まさに木曜日パワー炸裂！　おごった方（つまりあなた）もおごられた方も、ダブルでラッキーになっちゃうわ。

私は「なんか面白いことやりたいな〜」みたいな気分になったとき、ピンときた人を誘ってバイキングに行くの。もちろん木曜日にね。

で、いろんな話をしていると、たいてい1ヶ月もたたないうちに新しい話が舞い込んでくる！　それはもう、判で押したようにそうなるのよ。面白いのは、誘った相手にも別のチャンスがくるってこと。こういう開運の仕方、楽しいと思わない？

これはNG!

パソコンに向かいながら食事をしたりしてない？　忙しくても、食事の時間はいったん仕事から離れること。ONとOFFのメリハリが効率UPにつながる。

Thursday

＊

7 旅行の計画を立てる

チャンスと意識はコインの裏表——私は常々、そう思ってる。

どういうことかっていうとね、**自分のなかでなんらかの意識改革（気づき）が起こると、チャンスは自動的に降ってくるってことなの。**それまで視界にすら入ってなかったものが、突如見えるようになるのね。透明だったものに色がつく、というか。

ということはですよ、チャンスがほしかったら自分の意識を変えればいいわけ。

これはね、自力でなんとかしようとするとけっこう難しいけど、環境の力を借りるとわりとスンナリいくのよ。

たとえばね、中国旅行に行ってトイレに仕切りがなかったとするじゃない。そこで、超恥ずかしかったけど、仕方ないから顔から火が出るような思いで用をたしました……っていうような経験をしたら、それだけで一皮剥《む》けるわけよ。

そして、これこそが意識改革なの。自分のなかで常識とか当たり前と思っていたことが、そうじゃなかったことを知る。そうすると枠が外れるのね。

自分の枠を外したかったら、外国に行くのがイチバン。

今すぐってわけにはいかなくても、計画を立てることならできるでしょ。たとえば旅行社に行ってパンフレットをもらってくるとか、ガイドブックを買ってみるとか。行きたい国のレストランに行ってみるのもオススメよ。本国のいる人がいるお店を選ぶといろんな話がきけて、それだけで目からウロコが落ちることもあるくらい。そんなことだけでも、すでに意識改革は始まっているのよ。

これは NG!

マンネリ生活に陥ってない？　新しいことにチャレンジしなければ自分の殻は破れない。勉強会やセミナーにも積極的に参加して。

Thursday

＊

8 靴箱をキレイにする

去年、あるお宅にお邪魔したときのこと。玄関でご挨拶をしたとき、靴箱が汚いのがいたく気にかかった。なんか嫌な感じがするな……と。その家のご主人が出張先で骨折したことを聞いたのは、それから10日もたたないうちだったわ。

その靴箱には靴がぎゅうぎゅうに押し込められていて、しかも、埃だらけ。

これじゃあ、靴のパワーが落ちても仕方ない。靴のパワーが落ちていれば当然、事故にも遭いやすくなるわ。靴箱は、私たちが思っている以上に重要スペースなのよ。

行動がツキをよぶ木曜日は、「靴」がパワーアイテム。

私たちって、靴がなきゃどこにも行けないでしょ。

そう考えると、靴は大切な相棒。丁寧に扱わなきゃね。

ちなみに私は、帰宅して玄関に入った時点で即、靴と玄関を消毒しちゃう。

靴を履いたまま、靴（とくに靴底）と玄関にスプレー式のアルコールを吹きつけ、キッチンペーパーでササッと拭き取るの。玄関先で外からの邪気をすべてシャットアウトする、家の中に一歩たりとも入れまいぞ！　っていう寸法よ。

木曜日の場合は、これプラス靴箱の掃除。靴箱にはゴミや埃が溜まりやすいから、掃除機を使った方がいいわ。その後、お香かセージで浄化すればなおいいわね。

靴は直接地面に触れるものだけに、行った場所の波動をそのまま吸い込んでしまうの。とくに都会は波動の低い場所が多いから、邪気の浄化は必須。キレイなベッド（靴箱）でぐっすり休んだ靴なら、きっとチャンスに導いてくれるはずよ。

これはNG!

毎日同じ靴ばかり履いてない？　靴は一日でかなりの邪気を吸い込むから、1回履いたら休ませるのが基本。靴箱に備長炭を置いておくのもGOOD。

Thursday

＊9 外国語講座を聴く

「チャンスと意識はコインの裏表」っていう話をしたけど、もうひとつ、チャンスと密接な関係にあるものがあるの。

それは**「五感」**。念のためおさらいしとくと、五感というのは、視覚・聴覚・嗅覚・味覚・触覚という5つの感覚。これらの感覚が鋭敏になればなるほど、チャンスがたくさん降ってくるようになるの。正確に言えば、チャンスに「気づけるようになる」ってことなんだけど。

チャンスってね、アンテナに引っかかるかどうかなの。そして、そのアンテナが「五感」なわけ。それぞれが別個に働くというよりは、5つの感覚が1本のアンテナになってチャンスを察知するってカンジかな。そのアンテナの精度が高い人が、いわゆる「カンのいい人」ってことなのね。

五感を磨く方法はいろいろあるけど、**木曜日に効果的なのが「聴覚」を鍛えること。**

私のイチオシは、ＮＨＫの外国語講座を聴くこと！　とくに英語、ドイツ語、フランス語、ロシア語は日本語とまったく違う周波数を持っているから、聴覚にとってすごくいい刺激になるの。日本語をしゃべっているかぎりまったくといっていいほど使わない聴覚神経を、外国語を聴くことで活性化できるというわけ。

ＮＨＫの外国語講座はラジオとテレビがあるけど、好きな方でＯＫ。

ちなみに、音楽を聴くときメロディー優先の人はテレビ、歌詞優先の人はラジオの方が効果的よ。


これはNG!

自分の感性を無視してない？　美しい風景、涼《すず》やかな音色、芳《こう》しい香り、美味しい食事、フカフカのシーツ……心地いいと感じるものに貪欲《どんよく》になって。

Thursday

10 腰まわしをする

木曜日の支配星・木星は、外へ外へと広がるエネルギーを持ってるの。枠や制限を取り外し、どこまでも伸びていこうとするのね。

木曜日はこのエネルギーを利用して、あなたが望むものが拡大していくイメージをしてみて。

人脈、チャンス、可能性、ビジネス、豊かさ、愛する人との関係……自分のパワーが地球の隅々まで広がっていくくらいのイメージでちょうどいいわ。

それと**同時にやってほしいのが、関節を緩《ゆる》めるエクササイズ。とくに、木曜日の「腰まわし」は効果バツグン！**

というのも、支配星である木星が「腰〜太腿」を支配しているから。ちょうどフラフープみたいに、おヘソに重心をおいて骨盤で円を描くようにすると、骨盤がゆるんで身体の緊張がほぐれていくわ。

関節を緩めるということは、言ってみれば「枠をはずすこと」。イメージングで思考の枠をはずし、腰まわしで凝り固まった身体の枠をはずす。

こんなふうにマインド&ボディを同時に緩めてあげると、心も感情もどんどん解放されていく。木曜日のテーマである「寛容な心」に近づいていくのね。

「心・身体・思考」――この三つは三位一体。どれかひとつが変化すれば、他のものにも変化が生じる。身体と思考がしなやかになれば、心もおのずとしなやかになるのよ。

これはNG!

ヘッドフォンをつけて歩いてない？　街のざわめきや自然の音も大切なメッセージ。ヘッドフォンは感性を鈍らせるので要注意。

Thursday

＊11 グレゴリオ聖歌を聴く

木曜日は、宗教と縁の深い日。たとえ無宗教であっても、神聖な気分に浸る時間を持つことで、いい運気がめぐってくるの。

たとえば、神社やお寺に行って静謐《せいひつ》な空気に触れてみてはいかが？　お墓参りに行ってご先祖様に手を合わせるのもいいわね。

私はこの日、ときどき教会に行くんだけど、時間がない人はグレゴリオ聖歌のＣＤを聴くという手もあるわ。これはほんと、オススメよ。

木曜日が聴覚を鍛えるのにいい日であることはご説明したけど、グレゴリオ聖歌を聴くのは聴覚を鍛えるというより、むしろ心を浄化するため。男声の倍音が奏でる心地よい響きは瞑想《めいそう》と同じ効果があると言われていて、実際、グレゴリオ聖歌を聴くと血圧が下がることは医学的にも証明されているの。

読経やマントラもたぶん同じ効果があると思うんだけど、あまりオシャレじゃないでしょ。部屋の中で読経を聴いてるっていうのも……ちょっとね（笑）。

その点、**グレゴリオ聖歌はBGMにもなるし、なにより、もともと神に捧げる祈りの歌なわけだから、すごく波動が高い！「言霊《ことだま》」が宿ってるのね。**

音のパワーというのはほんと強力で、波動の高い音には強力なデトックス作用があるの。聴く人の心や感情はもちろん、部屋の中まで浄化してくれるのよ。

ちなみに、ある日本画の大家は、「グレゴリオ聖歌を聴くと最高のインスピレーションが降ってくる」とおっしゃってたわ。

これはNG!

俗っぽい生活に追われてない？　忙しいときほど神聖な時間が必要よ。「プチ祭壇」を作って寝る前に瞑想をしてみては？

これも
木曜日に!

たちまち開運
パワーアクション

Power Action

★人を褒《ほ》める
★靴を買う
★空港に行く
★玄関マットを替える
★印鑑を粗塩で浄化する
★発芽玄米を食べる
★吹き抜けのある店に行く
★手先、足先を振って
ブラブラ体操をする
★ペディキュアを塗る
★英字新聞を読む
★ボーダー柄の服を着る
★カラーコンタクトをつける
★ロザリオのペンダントをつける
★ホテルのラウンジでお茶を飲む

★クルミを食べる
★クランベリージュースを飲む
★感情表現をオーバーにしてみる
★神棚に手を合わせる

★**パワー方角**　南西
★**パワータイム**　15～16時
★**パワーカラー**　ロイヤルブルー、紫
★**パワーナンバー**　3
★**パワーモチーフ**　馬蹄《ばてい》、十字架

一発逆転のおまじない
教会でお祈りした後、三日間日光浴させた馬蹄形のネックレスをかけると思わぬ昇進のチャンスが。

Column

「風通しのいい人」になる

パワースポットとか「気がいい」と言われる場所は、どこも間違いなく風通しがいい。

というのも、「運」と「風」はそもそも同じものだから。

どちらも「運ばれてくる」ものなのね。

窓を大きく開けると、風がいっぱい入ってくるじゃない?

運もまったく同じなの。

良い運気を呼び込みたいなら、まずはあなた自身が心の窓を開けておく。

そうやって「風通しのいい人」になればいいの。

「風通しのいい人」というのは、あらゆることにオープンな人。

偏見を持たず、無用なこだわりがなく、人や物事を快く受け入れる人ね。

世の中には、まるで魔法使いみたいに、絶好のタイミングでチャンスを引き寄せる人がいるでしょ?

私のまわりにも何人かいるけど、そういう人たちって、みんなすご〜くオープンよ。

拒否しない。否定しない。

物事をネガティブに受け取らない。

人のことをけっして悪く言わない。

心の窓がいつも開いてるからあらゆる人がやってきて、いろんな情報を持ってくるのね。

「私って運がない」と思ってる人、心の窓が閉じてない？

心にカギをかけちゃってないかしら？

心の窓は、大きければ大きいほどいい。

チャンスや幸運がいっぱい入ってくるから。


そうそう。

運と風は本質的には同じだけど、たったひとつ、大きな違いがあるの。

それはね、チャンスは「人によってもたらされる」ってこと。


風の場合は窓さえ開けとけば自然に入ってくるけど、チャンスは残念ながら、自力では動けない。

道端に転がってるわけでもなければ、天から降ってくるわけでもない。


そう。チャンスは必ず、「人」を通してやってくるの。

しかもそれは、親しい人とは限らない。

チャンスを持ってくるのはその昔、ほんの一瞬言葉を交わしただけの人だったり、たまたまカフェで隣り合った人だったりする。

でもそこで、「よく知らない人だから」といって相手をシャットアウトしたんじゃ、チャンスは永遠にあなたのもとに寄ってこれないわ。

そんなことがないように、人にも物事にも、あらゆることにオープンでいてほしいの。


心の窓を開けて、つねに「風通しのいい人」でいる。

これが幸運をよぶヒケツよ。

第6章

7曜日メソッド
金曜日

恋愛力を高める日

Friday

Check

金曜日パワーは こんな願いを 叶えてくれる!

- □魅力的な女性になりたい
- □色気のある人になりたい
- □ソウルメイトに出会いたい
- □今すぐ恋がしたい
- □人気者になりたい
- □人生の愉しみを満喫したい
- □収入や財産を増やしたい
- □社交的な性格になりたい
- □仕事もプライベートも充実させたい

こんなあなたは金曜日パワーで一気にリベンジ!

- □容姿に自信がない
- □恋に積極的になれない
- □自分の魅力がわからない
- □男性ときちんとつきあったことがない
- □仕事優先で女であることを忘れている
- □人をうらやむ気持ちが強い
- □人生の愉しみ方がわからない
- □収入が少ない
- □生活に余裕がない
- □ひっこみ思案でソンをすることが多い

Friday

＊

1 胸元にローズオイルを塗りこむ

この章の原稿を書くとき、私はローズのアロマを胸元に塗って、ふか～く息を吸い込んだ。金曜日のエネルギーをまとうためにね。

金曜日の波に乗る方法は、いたってシンプル。五感が悦ぶことをすればいいの。美味しいものを食べる、フカフカのお布団で寝る、子犬をなでる……ｅｔｃ。自分が「心地いい」と感じることをたくさんやればいいのよ。なかでも、とりわけ効果的なのが「香り」。金曜日は嗅覚が敏感になる日だから、アロマや香水を利用しない手はないわ。

ちなみに私の場合、香水とアロマは目的によって使い分けてる。人の多い渋谷あたりに行くときは香水、家でゆったり過ごすときや仕事モードのときはアロマ、というふうにね。

香水は、アルコールを含んでるから邪気から身を守ってくれる——つまり、バリアの役目をするの。いっぽうアロマの方は、皮膚呼吸とともに脳や体内にまで浸透するから、意識を変えたいときにうってつけ。「さあ、これからガッツリ仕事するぞ！」みたいなときにアロマをちょこっと塗ると、す～っと仕事モードに入れるのよ。ONとOFFの切り替えにすごくいい。

アロマといってもいろんな種類があるけど、金曜日に相応しいのはなんといってもローズ！　**ローズは金曜日の支配星・金星と関わりが深く、女性ホルモンを活性化してくれる魔法のオイル**。朝メイクするとき、胸元に2～3滴塗りこんでみて。その日一日、ヴィーナス（金星）を味方につけることができるわよ。

これは NG!

キッチンにフタのないゴミ箱を置いてない？　生ゴミは臭いとなって邪気に変わる。シンクに溜めず、その都度ゴミ箱に移すこと。

Friday ＊ 2 とっておきの服を着る

「花金」という言葉はいまや死語になっちゃったけど……。

でもね、金曜日のテーマはやっぱりコレなのよ。

金曜日は、楽しいことをすればするほどツキがめぐってくる日。

これは日曜日も同じだけど、日曜日の楽しみ方と金曜日のそれとはちょっと違うのね。日曜が個人の興味や楽しみを追求するのに対し、金曜の方はおつきあいや人との交流をはかることに意味がある。

つまり**金曜日は、「社交の日」**というわけ。社交というのは、言ってみれば「他人の目を意識する場」。自分をどれだけアピールできるかが勝負だから、それに相応しい装いをするのは当然のこと。というわけで、金曜日は「とっておきの服」の出番！

いいこと？　「とっておきの服」というのは、とっておくための服じゃない。「とっておきのあなた」を見せるための服なの。だから、タンスの肥やしにしてたんじゃ意味がない。少なくとも月に1回は袖《そで》を通さなきゃ！

たとえデートの約束がなくても、「今夜はカレとデート♪」という装いをする。食事会の予定がなくても、誘われたら躊躇せず行けるような服装をする。その心意気が大切なの。そうやって、つねに「最高の自分」を確認しておくのよ。いざお誘いがあったとき、自信を持って出て行けるようにね。

ちなみに、金曜日は「女らしさ」がキーポイント。カッチリしたものより柔らかなラインの服がいいわ。身体にまとわりつくような素材がベストよ。

これはNG!

リサイクルの服を買ったりしてない？　いちど袖を通したものには前の持ち主のエネルギーが宿っている。あなた自身の輝きが薄れてしまうので要注意。

Friday ＊ 3

ブレスレットをつける

女らしさはどこに宿《やど》るかご存知?

「バストじゃないの?」。いーえ。「じゃあ、ヒップ?」。ノンノン。

答えは、首・手首・足首の3ヶ所。女らしさを無意識のうちに連想させるのは、「首」とつく部分なのね。

このうち、胸とつながっている「首」はお月様の担当部位だから、月曜日に強調したい部分。

金曜日は、手首と足首にポイントを持ってくるといいの。

というわけで、**金曜日はブレスレット、あるいはアンクレットがマストアイテム。**

両方つけるとちょっとオカシイから、どちらか一方にした方がいいかもね。

デザイン的には華奢《きゃしゃ》なものがベター。いかにもつけてます! っていうゴールドのバングルよりは、つけてるかどうかわからないくらいのチェーンブレスレットがいい。腕時計もなるべく華奢なものがいいわね。

足首を強調するなら、アンクレットの代わりにワンポイント入りのストッキングでもOK。ちょっと勇気を出してシーム入りにチャレンジするのはいかが？　日本ではシーム入りストッキングってあまりポピュラーじゃないけど、ぜひ試してみて。ガーターベルトは密《ひそ》やかな楽しみって感じだけど、シーム入りは外に見えるだけに、アピール度満点！　背筋が自然と伸びていい意味での緊張感が芽生えるの。

ヒールはいつもよりちょっぴり高めのものを。女性らしさが一段と引き立つわ。

これは NG!

ラクだからってペタンコ靴ばかり履いてない？　ヒールの高さは自己評価に比例するという調査結果もあるほど。金曜日は5センチ以上のものを。

Friday
＊
4 左足から歩き出す

先日、エステの先生に言われたこと。「Ｋｅｉｋｏさん、左側の方が凝ってるわね。首も肩も左の方がこわばってるし、顔の肉も左側の方が分厚いの、わかる？　この前来たときはこれほどじゃなかったんだけど」。

やっぱりそっか……。たしかにここ数ヶ月、仕事が忙しくて「女の暮らし」を忘れてた（泣）。心を込めてお料理することもなかったし、見たら、足のペディキュアがはげかかってる……ああ、反省。

こういう「女を忘れた日々」（ガクッ）を送っていると、たいていボディ左側に支障が出てくるの。なぜだかわかる？　それは、**左側が「女性性」を意味するから。**「社会に出て働く」という行動は、本来女性のＤＮＡに入っていない情報。ということは、仕事を一生懸命やればやるほど、女性性が失われていくということになるの、残念ながらね。だから、仕事を頑張っている人ほど、プライベートで「女らしい時間」を大切にしなきゃいけない。

たとえばカレに思いっきり甘えるとか、ベリーダンスを習うとかね。女であることを心から実感できる時間を持たないと、どんどんバランスが崩れて男性化していくのよ（お〜コワ！）。

それを防ぐための**いちばんカンタンな方法は、左足から歩き出すこと。**「まず左足」とさえ頭に入れておけばおのずと左側に意識が向かい、女性エネルギーが活性化するの。指輪、ブレスレット、アンクレットも左側につけてね。

これは NG!

バッグをいつも同じ側にかけてない？　身体の歪《ゆが》みを防ぐためにも、筋肉はできるだけ左右均等に使うこと。モノを取るときの手も意識的に変えてみて。

Friday

＊

5 微笑んで「ありがとう」を言う

「ありがとう」の威力を知ったのはＯＬ時代だった。

当時秘書をしていた私は、毎日何十回とお茶を出していたのね。

役員室に行ったらお茶が出てくるのはトーゼン、とたいていの人は思ってるから、秘書がお茶を出してもなにも言わない人がほとんど。でも10人に１人くらいの割合でいるのよね。お茶を出したとき「おっ、ありがとう！」と言ってくださる方が。そのたった一言がどれだけうれしいことか。自分のＶＩＰリストに即刻加わっちゃう(笑)。

ためしに、これと同じことをレストランでやってみてほしい。ウエイターさんの目を見て「ありがとう」と一言。これだけでお店の人の対応が全然違うわよ、ほんと。

単純なことだけど、結局、人をその気にさせるのって、そんなちょっとしたことなんじゃないかな。少なくともＯＬ時代の私は、美味しい差し入れやお土産をもらうより、お茶を出したとき「ありがとう」って言われる方がずっとうれしかった。だって、心が通い合った気がするもん。

殺伐《さつばつ》とした一日の中で一瞬心が和《なご》むときがあるとしたら、それは、誰かと心が通い合ったとき。それを作ってくれるのが挨拶であり、感謝の言葉なの。

人になにかをしてもらって「ありがとう」を言うのは当然。そこまではマナーの域よ。でも、それに微笑みを加えたら、その「ありがとう」は愛に昇華する。心の通い合いが生まれるの。金曜日が社交の日とはいえ、それが表面的なものだったらちょっと哀しい。微笑みとともに愛も送ってみて。

これはNG!

挨拶なしにお店に入ったりしてない？　お客とはいえ、お店の人に対する挨拶は最低限のマナー。出るときの「ありがとう」も同様よ。

Friday ✳

6 コンビニ募金をする

「愛とお金は同じもの」——そう言ったら驚くかしら。

崇高《すうこう》な「愛」に対し、俗世間の象徴ともいえる「お金」。このふたつが同じものなんて、いったいどういうこと？　って疑問に思うかもしれない。

でもね、どちらも豊かさの象徴であり、与えれば与えるほど増えていくという点では同じ。多くの人は「与えたら減る」って思っているかもしれないけど、じつは、まったくの逆。**愛であれお金であれ、与えたものは何倍にもなって返ってくる。**これが宇宙の法則なのよ。

ひとつ例を出そうかな。私が会社を辞めてブラブラしていたときのこと。知人に頼まれて、ある会社の海外交渉を手伝ったことがあったの。その後、通訳代としてかなりの金額をいただいた。それも、当初の契約の何倍もの額。ならば私も感謝の気持ちをお返ししようと、その会社の商品（健康食品）を200個買って、いろんな人に配ったのね。すると、1週間もしないうちに大きなビジネスが舞い込んだ。やはり何倍にもなってね。わかるかしら？　これがエネルギーの循環ってことなの。

お金や愛って、波紋みたいなもの。投げかければどんどん広がって、いずれ自分のもとに収束する。それを繰り返して豊かになっていくのよ。たとえば募金。1～2ヶ月に一度、「ちょっと多いかな」くらいの額を募金すると、どんどん金運がよくなっていくわ。**とくに、愛とお金につながってる金曜日の募金は効果バツグン！**「金曜日は募金の日」と決めて、コンビニ募金をしてみてはどうかしら。

これはNG!

お金を貯めることが喜びになってない？　お金は活きた使い方をしてはじめて価値が出るもの。知識と経験のための投資は惜しまずに。

Friday ✳ 7

お札を新券に換える

金曜日は文字通り、「お金」とつながってる日。

お金のパワーがいちばん高まる日でもあるの。

そんなわけで、私がお金をおろすのはたいてい金曜日。足りなくなったらそれ以外の日でもおろすけど、基本的には金曜日と決めてるわ。

お金をおろすのはもちろん、高い買い物、請求書の発行、銀行口座の開設等々、お金にまつわることはすべて金曜日に行うのがベスト。

同じ額のお金であっても、パワーを含んだお金は活きたお金になる。つまり、新たなお金を生んでくれるのね。

「お金が動くことは金曜日にやる」――これだけでも十分な金運UPになるんだけど、じつはもうひとつ、奥の手があるの（笑）。

それは、1万円札を新券に換えること。お店に勤めてる人ならときどきやってるかもしれないわね。それを個人でもやるの。もちろん、金曜日にね。

お金にかぎらず、この世のものはすべて、新しいものほどエネルギーが高い。人間で言えば赤ちゃんがいちばんエネルギーが高いし、食べ物もそう。肉だって野菜だって、日に日に鮮度が落ちていくでしょ。

お札も同じなのよ。1万円という金銭的価値は変わらなくても、ヨレヨレのお札よりピン札の方が断然エネルギーが高いの。それをお財布に入れておけば、新しいお金をどんどん呼び込んでくれるわ。

これはNG!

請求書の支払いを先延ばしにしてない？　買い物や出金は金曜日がベストだけど、支払いは請求書がきたらすぐに行うこと。感謝の思いを込めてね。

Friday

＊

8 デパートめぐりをしてみる

「日本ってほんと豊かだな〜」とつくづく思うのは、デパートの地下に行ったとき。お菓子売場だけでも、いったいどれだけの種類があることか！

しかも、そのひとつひとつが芸術作品のように美しい。私はインスピレーションを得たいとき、デパ地下でお菓子売り場をウロウロすることもあるくらいよ（笑）。

日本のデパートって、宝箱みたいなものだと思うの。豊かさの宝庫というか。百貨店という名の通りありとあらゆるものが揃《そろ》っていて、それこそ、日本橋の老舗百貨店なんかに行ったら、日本の歴史を垣間見てる気さえしてくるわ。

金曜日のテーマは「豊かさ」を味わうこと。豊かさというのは、必ずしもモノを手に入れることじゃない。上質なもの、キレイなものを見て「うわあ、ステキ！」って感動したら、それはもう十分に豊かさを享受《きょうじゅ》したことになるの。そして、そんな感動をたくさん味わえるのが、じつはデパートなのよね。

日本のデパートのすごいところは、100円の煮干しから何千万円の宝石まで、ピンキリの商品が揃ってるってこと。

高級品だけを売る店はいくらでもあるけど、これだけいろんなものが楽しめる店って、世界中探したってそうないでしょ。上の階では書や絵画の個展をやっていることも多いから、芸術に触れることもできるしね。

ふだん地下や洋服売り場どまりの人も、金曜日はデパートの中をくまなくまわってみて。いろんな豊かさを味わえるから。目の保養にも最高ね。

これは NG!

ディスカウントショップがお気に入りになってない？ 自分を高めたいなら「安く買う」を目的にしないこと。良いモノを正当な値段で買うことよ。

Friday ＊

9 ワンランク上のものを食べる

金曜日は、つねに「ワンランク上」を意識してほしい。いつも中トロを頼む人は大トロを。「竹」を頼む人は「松」を。普通車に乗っているならグリーン車に乗ってみて。好き嫌いは別にして、ふだん自分が親しんでいるものとワンランク上のものの違いを肌で感じてみる。上質のものはいったいどこが違うのか――それを確認することに意味があるの。なぜって、それが五感を磨く唯一の方法だから。

「いつも通り」に終始してるかぎり、五感はけっして磨かれない。そこで成長が止まってしまうの。ルーティーン化すると感覚が麻痺《まひ》してしまうのね。

五感を磨きたかったら、意識して上のレベルに触れる機会を持つこと！　週1回そういう日をもうけるだけで、モノを観る目は養われていくものよ。

私の場合、金曜日はちょい高めのレストランを選ぶことにしてるわ。よく行くレストランであれば高めのコース、良いワインというふうに、いつもよりちょっと背伸びをして上質のものを味わってみるの。

そういう緊張感を味わうことは、女性として大切なことよ。

金曜日はね、「迷ったら高い方」が基本。1万円の予算で10万円のものをとは言わないけど、1万円か1万5千円かで迷ったら、高い方を選んでみて。

そうやってつねに「ちょっといいもの」を選ぶクセをつけると、それがいずれ、感性として花開くわ。

金曜日は、上質なものや豊かさを味わうほどパワーUPできると覚えておいてね。

これはNG!

「時短食」が当たり前になってない？　豊かな食事には手間と時間がかかるもの。手軽なものにはそれなりのパワーしかないと心得て。

Friday ✳

10 ベッドルームに旬《しゅん》の花を飾る

「女性の運が夜作られる」ってこと、月曜日の章でご説明したわね。月のパワーが最高潮に達するのは月曜日だけど、金曜の夜もそれに負けず劣らず重要よ。月曜日が「結婚」のパワーを与えてくれるのに対し、**金曜日が与えてくれるのは「恋愛」のパワー**。女性にとっては両方必要でしょ。

となれば金曜の夜もなんらかの策を講じないわけにはいかないわね（笑）。この日の夜はぜひベッドルームに花を飾ってほしい。なんたって花は女性性UPの最強のアイテム！　花の素晴らしいところは、「生きたエネルギー」を与えてくれるってこと。

私たちのまわりには塩とかクリスタルとか竹炭とか――いわゆる「浄化作用」が強いと言われてるものが多々あるけど、生きたパワーを与えてくれるものはきわめて少ない。たぶん、食べ物と植物のふたつだけなんじゃないかな。動物や赤ちゃんも生きたエネルギーを与えてくれるけど、簡単に手に入るってわけでもないでしょ。すぐ手に入って、しかも即効性があるとなれば、やはりお花に勝るものはないわ。

ポイントは「旬の花」を飾るということ。春ならチューリップ、夏ならヒマワリ、秋はコスモス、冬はツバキというようにね。なぜって、エネルギーが格段に高いから。旬の花はどれも「私を見て！」と言わんばかりに咲き誇ってるでしょ。それこそが、女性があるべき姿なの。

花のエネルギーは女性に同調しやすいから、**旬の花を飾れば自動的に「旬のエネルギー」がもらえちゃう。花とつながりの深い金曜日は、とりわけ効果的な方法よ。**

これはNG!

プリザーブドやドライフラワーを飾ったりしてない？ 死んだ花にエネルギーは宿《やど》らない。運を上げたいなら「生きた花」を飾ること。

Friday

✳

11 寝る前に掃除機をかける

「髪は女の命」というけれど……まったく逆のものにもなるの。

どういうことかっていうと、命取りにもなるってこと。

じつは**髪の毛って、邪気の塊**なのよ。たとえ毎日丁寧にシャンプーしたとしても、1日外を歩けば必ずゴミや埃がつくし、多少なりとも邪気を吸い込んでしまう。これは、ふつうの生活をしている限りどうしようもないことなの。

お坊さんや尼さんが、なぜ髪を剃《そ》っているかわかる?

それは、邪気から身を守るため。彼らは邪気が髪に吸い付くということを知っているから、敢えて髪を剃っているの。ヨーロッパのおまじないの中には髪の毛を使うものが多いけど、これはまさに、髪に宿る「念」を利用してるわけ。

床や洗面台に髪の毛が1本でも落ちていると、それだけで不潔な感じに見えるでしよ？　それは、髪の毛が邪気を吸い込んでいるから。不潔な「感じがする」のではなく、実際、邪気がこびりついているのよ。だから、家の中をクリアな状態にしておきたかったら、髪の毛を1本たりとも落とさないこと！……というのもムリな話だから（笑）、とにかくこまめに掃除機をかけるしかないわね。

愛と美の星・ヴィーナスに守られている金曜日の夜――とりわけ就寝タイムは、女性にとってとびきり重要な時間。ここで女の鋭気が養われるんですもの。

だから、**どんなに疲れていても、寝る前に掃除機だけはかけてほしい**。まっさらな状態で最高の運気を育めるようにね。

これはNG!

ヘアブラシの汚れをそのままにしてない？　埃やゴミがついたままだとブラッシングが逆効果に。ついた髪の毛はその都度取り除くこと。

これも
金曜日に!

たちまち開運
パワーアクション

Power Action

★リボンのバレッタをつける
★髪をハーフアップにする
★エステに行く
★銀行口座の暗証番号を変える
★マシュマロを食べる
★「わ～うれしい♪」と
満面の笑みで言ってみる
★明るい色の服を着る
(パステルカラーがベスト)
★いつもよりゆっくり話す
★シルクのランジェリーを買う
★フルコースを食べる
★「○○銀座」と言われる場所に行く
★セレクトショップに行く
★保健の契約をする

★バラードを聴く
★赤ワインを飲む
★ドアの開け閉めを丁寧にする
★お風呂に塩と日本酒を入れて入る
★財布を塩水で拭く

★**パワー方角**　西
★**パワータイム**　18～19時
★**パワーカラー**　グリーン、ピンク
★**パワーナンバー**　6
★**パワーモチーフ**　蝶、ハスの花

一発逆転のおまじない
シルバーのコンパクトに6日間、ピンクの花ビラを3枚はさんでおくと、男性からたくさんのお誘いが。

Column

「運を与える人」になる

運のいい人になるコツは、宇宙の流れに乗ること。

人生は、波乗りと同じ。

宇宙という大海原でサーフィンしてるようなものなの。


私の友人に、海の真ん前に家を建てた人がいるのね。

彼は毎朝起きると、まず波をチェックする。

そして、今日はいい波がくるなと思ったら、サーフボードをかついで浜に出て行くの。

そうやって1年365日、いい波がくるのを待ってるわけ。

でもね、残念なことに、彼には待つことしかできない。

どれだけ望んだところで、海が波を作ってくれないかぎり、彼は波に乗ることができないのよ。


じつはね、ここが「運」と「波乗り」の唯一の違い。

波乗りはただ、波がくるのをじっと待つしかない。

でも、「運」は自分で作ることができる。

私たちは、いい波を自分で起こすことができるの。

人に「運を与える」ことによってね。


運を与えるというのは、人が幸せになる手助けをするということ。

「手助け」っていう表現が大げさなら、相手がハッピーになることをしてあげるっていうとわかりやすいかな。

たとえば、友人がお店を開いたら「お客第一号」になってあげる。

たくさん知り合いを連れていく。

ブログで宣伝してあげる。

知り合いの編集者に、雑誌に紹介してくれるよう頼んでみる。


そんなふうにして、まわりにいる人たちの運を一緒になって作っていくの。

私の経験からいっても、これが自分の運を作る最高の手段ね。

人の運を作るってことは、自分の運を作ることとイコールなの。

だって、人の運はすべてつながってるんだもん。

私たちは、けっして一人じゃ生きていけない。

まわりにいろんな人がいて、その人たちのなかで生かされているの。

だから、まわりの人が幸せになったり成功したりすれば、自分もつられて幸せになっちゃう。文字通り、芋づる式にね（笑）。


この世はけっして平等じゃない。

でも、平等じゃないけど、公正よ。

みずから与えたものが返ってくるという意味でね。


運のいい人になりたかったら、自分の手で運のいい人を増やす。

自分と接する人すべてを幸せにする――そんな心意気で毎日過ごしていると、気づいたときには太くてつよ～い芋づるが育ってるわ。

第7章

7曜日メソッド 土曜日

身体のリズムを整える日

Saturday

Check

土曜日パワーは こんな願いを 叶えてくれる!

□安定した生活を手に入れたい
□正社員の職を得たい
□体調を安定させたい
□ぶれない自分になりたい
□父親との関係をよくしたい
□信頼される人になりたい
□結婚と仕事を両立させたい
□着物の似合う女性になりたい
□愛する人との関係を深めたい
□マイホームを購入したい

こんなあなたは土曜日パワーで一気にリベンジ!

- □ 生きていくことが辛いと感じている
- □ なにをやっても中途半端、長続きしない
- □ 将来に対する不安が強い
- □ 短期の仕事が多く生活が不安定
- □ 偉い人と話すとき緊張してしまう
- □ 上司からのウケがよくない
- □ 感情のアップダウンが激しい
- □ 慢性的な痛みや症状に悩まされている
- □ 不健康な生活が続いている

Saturday

✳

1 鉄瓶でお湯を沸かす

朝起きたらまず、鉄瓶（土瓶）でお湯を沸かす——。

土曜日はぜひ、これを習慣にしてみて。

今って、お湯を沸かすのにたいていやかんを使うじゃない。でなければ電気ポット。でもね、やかんや電気ポットで沸かすのと鉄瓶（土瓶）で沸かすのとでは、エネルギー的にみると天と地ほどの違いがあるの。

土瓶は文字通り、土を固めてできている。いってみれば素材が「大地」なわけ。それで沸かしたお湯がどれだけパワフルか、容易に想像できるでしょ。

これがアルミニウムのやかんだったら、そのお湯は単なる「熱い水」にすぎない。電気や人工的に作り上げたものに、自然界のパワーは宿っていないからね。しかも、鉄瓶にすれば鉄分補給までできちゃうのも、うれしいかぎり。

私は以前、ときどき立ちくらみすることがあったんだけど、やかんを鉄瓶に替えてから見事なくなったわ。目の下のクマも薄くなったし、いいコトづくめ。**鉄瓶は女性の「必須アイテム」**と言ってもいいんじゃないかしら。

ちなみに、土瓶でお湯を沸かすって、シンプルだけれどものすごい開運法なの。なぜって、火、水、風（酸素）、土という宇宙の四元素がすべて混じりあうから。このお湯を飲めば、宇宙のエネルギーを完璧な形で取り込めるというわけ。これってすごいことだと思わない？　**ふだん電気ポットを使ってる人も、土曜日は鉄瓶でじっくりお湯を沸かしてみて。**朝からめいっぱいパワーチャージできるわ。

これは NG!

冷たい飲み物ばかり飲んでない？　女性が冷たいもの（＝陰）を摂ると、「陰」過多になって体調が崩れやすくなる。常温か、温かいものを習慣に。

Saturday

✳2 だてメガネをかける

土曜日を一言で言えば、「めっちゃ地味な日」(笑)。オシャレにはあまり向かない日なんだけど、唯一オススメしたいのは「メガネ」。だてメガネね。ふだんメガネをかけてる人なら、土曜日はまったく雰囲気の違うメガネにしてみては?

土曜日はね、「信頼できる人」という印象を残すといろんなことがうまくいくの。

週末だからカジュアルな服装をしたくなると思うけど、そんな中にも、どこか「きちんとした」印象を加えるのがベターよ。

先日、後輩のM世ちゃんから電話がかかってきたときのこと。

「Ｋｅｉｋｏさん、今度の土曜日、例の会社の面接なんです。なに着てったらいいと思います?」と相談されたので、「う〜ん、クラシカルな感じでいったら? あと、メガネかけてって。知的に見えた方がいいから」とアドバイスしたの。土曜日なら「信頼感」がキモだなと。ふだんのM世ちゃんはフェミニンな服装が多いんだけど、土曜日にフワフワした格好は相応しくない。いろんな意味でネガティブに出ちゃうことが多いのね。仕事の面接であればなおさら。面接は第一印象が勝負だから、「お、この子できるな」みたいな雰囲気を、登場した時点で醸《かも》し出すといいの。

その点、メガネは有効かつお手軽なプレゼンテーション手段なのよね。

その後、M世ちゃんから結果報告があった。

「Keikoさん、面接受かりましたよ〜！　合格の決め手は〝信頼感があったから〟ですって」

これはNG!

お休みだからといってだらけた格好をしてない？　土曜日は、カジュアルななかにも〝きちんと感〟を出すと運気が高まる。色はベージュかグレー系が◎。

Saturday

3 生まれ故郷の名産品を食べる

土曜日の「土」は生まれた土地——つまり、「故郷」の意味もあるの。ここでいう故郷は育った場所ではなく、「生まれた土地」。

大阪育ちであっても、神戸で生まれたなら神戸のことを指すのよ。

土曜日のオススメは、生まれ故郷の名物や特産品を食べること。

たとえば私は山形で生まれたから、リンゴやナシ、サクランボといった山形名産の果物を食べるのが土曜日の習慣。その時々の旬のフルーツを常備して、朝、夜といただくようにしてるの。それがなぜいいかっていうと、その土地特有のものだから。いわゆる名産品とか特産品と言われるものには、その土地のエネルギーが凝縮されてるのね。しかも、地元の人が誇りを持って作ってるから、おしなべて波動が高い。どこにでもある食べ物より何十倍もパワフルなのよ。

それにしても、なぜ育った場所じゃなく生まれた土地が大事なんだと思う？
それはね、生まれた土地の「気」というのが、その人のベースになっているからなの。お母さんのお腹から出て「おぎゃー！」と叫んだその瞬間、60兆個の細胞ひとつひとつにその土地の「気」が刻み込まれる。そして、その記憶は一生涯に渡ってその人を支配するの。生まれた土地のものを食べることは、細胞が持つ本来の記憶を蘇《よみがえ》らせることになるのよ。

生まれた土地というのは、その人だけのパワースポット。

ある意味、神社や聖地に行くよりもずっと効果的よ。

これはNG!

揚げ物やこってりしたものを食べ過ぎてない？　油（脂）は波動を重くするので要注意。あっさりした和食を1週間続けると身体が軽くなるわよ。

Saturday

✳

4 芝生の上を裸足《はだし》で歩く

週末は、どこに出かけようかと考えるのも楽しみのひとつよね。

でも、思いっきり遊ぶのは日曜日にゆずるとして、土曜日は、静かにゆっくりと過ごしてほしい。

なぜって、**土曜日は「リズムを整える日」**だから。

週末だからといって羽目を外してしまうと、続く6日間の調子がすべて狂ってしまうの。ボタンの掛け違いみたいにね。

もし遠くに出かけるとすれば、温泉がベスト。水と大地のエネルギーが交わる温泉は最高のパワースポットだから、長湯さえしなければ土曜日でもＯＫ。ちなみに土曜日は、海より山にパワーが宿っていること、覚えておいてね。

土曜日に出かけるのは、遊びというより体調を整えるため。１週間の疲れやストレスを取り除くのが目的だから、静かでのんびりした所がいいの。

いちばんいいのは、芝生のある公園。できれば、芝生の上に直接座ったり寝転んだりしてみて。そうすることで自律神経が整ってくるから。裸足で歩けたら、もうカンペキ！　最高のパワーチャージになるわ。

この方法、感情が不安定な人はぜひトライしてみてほしいな。

そもそも感情に波があるというのは、なにかしら不安があるから。でも、裸足になって「ゆるぎない大地のパワー」を直接吸い込むことで、その不安がなくなってくるの。心が安定してくるのね。ストレスが溜まっている人にもオススメの方法よ。


これはNG!

休みの日に繁華街に出かけたりしてない？　人混みは邪気の渦巻くところ。とくに電車通勤をしている人は、意識して自然に触れる時間を作ること。

Saturday

＊

5 整体やクリニックに行く

土曜日と水曜日は、1週間の中で「調整」の役割を持つ日。

その違いはというと、週の真ん中にある水曜日が前半・後半の流れを調整するのに対し、最後にくる土曜日は自分自身のコンディションを調整する——つまり、「体調管理の日」だってこと。

だから、**治療やメディカルチェックを受けるのは土曜日がいちばん。**

エステなら「美」に関係する金曜日がいいけど、治療目的なら土曜日がベストよ。

以前、友人のN君が、

「毎週整体に通ってんのにさー、腰痛がぜんぜんマシにならないんだよ。名医って聞いてるんだけど……」

と言うので、「何曜日に通ってるの？」と聞くと「金曜日」との答え。うーん、金曜日はちょっと違うでしょー、というわけで、「土曜日に変えてみたら？　もしかするとよくなるかも」とアドバイスしたの。

数ヶ月後、街でバッタリ会ったN君にその後の経過を聞くと、「いや、最近まったく痛くないから治療行ってないんだよ。これって治ったたってことかな（笑）」。

まあ、土曜日に変えたから治ったのかどうかは別として、少なくとも**土曜日には「悪いところを修正する」というエネルギーがあるの。**歯や骨、骨格といったものにとりわけ関係が深い日だから、整体や歯の治療にはもってこい。

原因不明の症状にも、いい治療法が見つかる可能性が高いわ。

これはNG!

看板や広告で行き先を決めてない？　治療は知名度やスキル以上に、医者との相性が大事。信頼している友人・知人の意見を参考に。

Saturday

＊6 要らないモノを10個以上処分する

木曜日が「拡大」のエネルギーなら、土曜日が持っているのは「縮小」のエネルギー。**土曜日は整理整頓の日と決めて、要らないモノを処分するのが正解。**なかなかモノが捨てられなくて……という人は、「土曜日は10個以上捨てる」を習慣にしてみるといいわ。

私も土曜日にはなにかしら処分して、一定以上モノが増えないようにしてるの。だって、ある分量よりモノが増えると、頭の回転が鈍くなるから。

思うに、モノの量と頭って連動してるんじゃないかしら。持ちものが多くなればなるほど、思考が複雑化する――つまり、余計なことを考えるようになる気がするの。

それってモノじゃなくて性格の問題じゃない？　って思うかもしれないけど、いーえ。思考はモノから多大な影響を受けているのよ。モノを減らせば、思考も感情もシンプルになるの。

なぜって、モノにはエネルギーがあるから。モノが多ければのしかかってくるエネルギーも大きくなるし、逆にモノが必要最低限しかなければ、無用な圧力を受けることもない。思考や感情に柔軟性が出てくるのね。

具体的には、**1年間出番のなかったモノはすべて処分するのがいいと思う。**

それと、使う頻度にもよるけど、下着、靴、シーツといった「直接肌につけるモノ」も1年で処分。もったいないからといって古いモノを身につけてると波動がどんどん重くなってきて、変化に対応できなくなるから注意してね。


これはNG!

故人の遺品をずっととってあったりしない？　大切な形見もエネルギー的にはマイナス。処分するか、目につかない場所にしまっておくこと。

Saturday

＊

7 「抹茶＋かりんとう」をいただく

「やったあ、今日は土曜日だ～。朝寝坊できるぅ」

土曜日の朝って、だいたいそんなカンジじゃないかしら。

大丈夫。土曜日は日曜日と違って、多少朝寝坊してもＯＫよ。

ただし、問題はそのあと。

この日は、起きてからの過ごし方が大事なのね。**土曜日は「規則性」の日なので、規則正しい生活を送るのが基本。**おおまかなスケジュールを立てて、メリハリのあるきちんとした一日を送るのが理想よ。

重要なのは、意外にもお茶の時間。土曜日は午後3時から4時くらいにパワーが集中するから、3時前後にちょっとしたお茶の時間を持つと、タイミングよく充電できるの。いいエネルギーというのは、ほっと一息ついてリラックスしてるときに入ってきやすいからね。

時間帯はもちろん、なにをいただくかも大切よ。

私のオススメおやつは「お抹茶＋かりんとう」。**土曜日は「苦い、黒い、堅い」が開運のポイント**。その点、「お抹茶＋かりんとう」はすべて満たしてるでしょ。とくにいいのはお抹茶。市販のパウダーでＯＫよ。土曜日は週の中で、いちばんデトックス力の高い日。そして、「苦いもの」を食べることでさらにデトックス効果が高まるの。

夜はゴーヤ、ピーマン、セロリといったえぐみのあるものを食べてみて。アルコールならビールがオススメよ。


これはNG!

太るのを気にして甘いものを我慢してない？　スイーツと一緒に苦味のあるものを摂れば大丈夫。塩をふりかけてもＯＫよ。

Saturday

＊

8 写経をする

木曜日と土曜日の違いをもうひとつ挙げるなら、木曜は「海外」、土曜は「国内」にエネルギーのベクトルが向いてるってこと。木曜はワールドワイド、土曜日はドメスティックっていう違いね。「和の文化」を愛《め》でるのにふさわしい日でもあるので、おもいっきりドメでいきましょう（笑）。

和の文化といっても幅広いけど、なかでも**茶道、華道、書道、剣道といった「道」のつくものは、土曜日のエネルギーにピッタリ。**

そもそも「道」は土でできてるでしょ。土曜日になにかお稽古事をしたいな～と思ってるなら、「道」のつくものがピッタリ。それ以外にも、なにかしら精神修養になるようなことをするといいの。座禅とかね。

私はときどき写経をするんだけど、これは超オススメ。書いてるときって頭の中が空っぽになるでしょ。言ってみれば瞑想と同じなのよ。無心になってやってると、どんどんα《アルファ》波が出てくるの。写経とは、真言を書き写すこと。真言はもともと邪気を遠ざけるためのマントラだから、書いてるだけで心を浄化してることになるのね。

不安や悩みを抱えてる人、執着を手放せない人は、ぜひ写経をやってみて。フシギなくらい心が落ち着いてくるから。そして、何度か繰り返しやっていると、ある日スト〜ンと、憑《つ》き物が落ちたみたいになるの。「あれ、私、なぜこだわってたんだろ?」みたいな。この感覚、味わう価値あると思うな。

お香を焚いて写経をすると、浄化力が一段とＵＰするわよ。

これはNG!

電話に一日を支配されてない? リラックスタイムは電源ＯＦＦ、土曜日は完全シャットアウトが理想。ムリなら半日でも。

Saturday

✳ 9 塩水でうがいをする

土曜日ってね、その週に受けた邪気やストレスがせーんぶ溜まっているの。

仕事であれプライベートであれ、人生って結局は人間関係。ということは、ストレスというのはコミュニケーション上のトラブルがほとんどなのね。

知ってる？　**コミュニケーションにかかわるストレスや邪気って、すべて喉に溜まるの。**言いたいことが言えなかったり、うまく表現できなかったり、あるいは、言ったことが誤解されたりということがあると、喉がどんどん弱っていって、あなた自身の波動まで落ちてしまうのね。

そんなことにならないように、トラブルがあったら早めに処置しなきゃ。

それには、**なんたってうがいがイチバン！　粗塩《あらじお》を入れた塩水で一日に4～5回くらいガラガラすると、ネガティブなエネルギーを浄化できるわ。**

「プチ行水」のとき同様、このときもイメージングがすごく大事。ちょうど洗濯機みたいに、塩水が喉にこびりついたものをグルグルこすり落としてくれるようなイメージをしてみて。漫然とうがいするのと、イメージングをしながらうがいするのとでは、効果がまるで違ってくるわ。

ちなみに、面と向かって怒られたりなじられたりしたときは、顔にストレスが溜まって筋肉もこわばってしまうの。相手を責める言葉は邪気を含んでいるからね。もしそんなことがあった場合は、その日のうちに塩水で顔を洗っておくこと。そのあと蒸しタオルで顔を温めると、こわばりがとれていくわよ。

これはNG!

すんだことをウジウジ思い返したりしてない？　なにがあっても「ま、いっか」と開き直ってみる。それだけで事態は好転するものよ。

Saturday ✳ 10 足裏を揉みほぐす

「チャンスは首の後ろから入ってくる」っていう話をしたでしょ。

じゃあ逆に、邪気はどこから出て行くか。どこだと思う？

答えは、「足裏」。

不幸にも引き寄せてしまった邪気は足の裏にどんどん溜まって、結果、足がおもた～～くなっていくの。

宇宙の仕組みって、なんでも「出す」ことが先なのよね。出せば入ってくるっていう。コップだって、古い水を捨てなきゃ新しい水を注《そそ》げないでしょ。

同じように、いくら首の後ろをほぐしてチャンスの入口を全開にしたところで、あなたの中に邪気がいっぱい溜まってたら、チャンスも幸運も絶対に入ってこれない。

私的には「幸運が宿るスペースがない」って言ってるんだけど。

だから、**運を上げたいと思ったら、まず足の裏を揉みほぐす！**

最初に邪気を出しちゃわないとね。

毎日やるにこしたことはないけど、それがムリなら、とりあえず土曜日だけはやってほしい。土曜日は邪気を押し出す力が強いから、この日念入りに揉みほぐすだけでも効果があるわ。

ただね、首の後ろもそうだけど、硬くなった足裏って、そうカンタンにはほぐれてくれない。お風呂に入ってよ〜く塩で揉んでから、棒を使ってゴリゴリやらないと。

ガチンガチンまでいっちゃってる人は、プロの手を借りた方がいいかもね。


これはNG！

足の爪が伸びっぱなしになってない？　足の爪は人間関係と金運を作るところ。きちんとお手入れしてペディキュアを塗っておくと恋愛運もUPするわ。

Saturday

＊

11 重曹《じゅうそう》で床を拭《ふ》く

最後に、いっちばん大切なこと。

「基本が大事」とはよく言われることだけど、土曜日にこれ以上相応しい言葉もないんじゃないかしら。幸運を呼び込むのは結局、基本というか「土台」。チャンスも幸運も、土台のしっかりした人のもとにやってくるの。

土台というのは身体でいえば足、家でいえば床。

そう。**土曜日は「足」と「床」が最重要ポイント**なの。

「邪気は下に溜まる」っていうのは、家も身体も同じこと。家であれば床に邪気が溜まるのね。張り付くっていうか。だから、床はつねに清潔にしとかないと。せっかく足の裏をキレイにしても、床が汚れてたんじゃ元も子もないでしょ。

ひとつ気をつけてほしいのは、拭き掃除に使う洗剤。一般的に売られてるものは化学成分でできていて、これが身体につくと皮膚を塞《ふさ》いでしまうの。床はキレイになっても、足裏から邪気が出られなくなっちゃうのね。

それを考えると、床拭き用の洗剤は使わないほうがいいと思う。

その代わり、重曹を使えば十分キレイになるわ。

世の中に、開運法と呼ばれるものは無数にある。でも、行き着くところは「まっとうな暮らし」だと思うの。

清潔な家に住み、自然と交わり、明るく規則正しい生活をする。そんな毎日を送っていれば、幸せにならない方がおかしいわ。

これは NG!

床の上に直接モノを置いたりしてない？　床に触れるものには邪気が溜まりやすい。ベッドやソファは座面の高いものがベター。

これも
土曜日に!

たちまち開運 パワーアクション

Power Action

★焼き魚定食を食べる
★琴や雅楽のCDを聴く
★歌舞伎や寄席を観に行く
★着物を着る
★神社やお寺に行く
★お墓参りをする
★ベージュ系の口紅をつける
★歯のホワイトニングをする
★ピーリングを受ける
★エスプレッソを飲む
★日経新聞を読む
★カレーを作る
★お年寄りと話をする
★アンティークショップに行く
★髪をシニヨンにする
★寺で座禅を組む
★時計を買う
★1週間のスケジュールを立てる

★**パワー方角**　南
★**パワータイム**　15～16時
★**パワーカラー**　ブラウン、ベージュ
★**パワーナンバー**　4
★**パワーモチーフ**　エンジェル、四葉のクローバー

一発逆転のおまじない
黒い紙に反時計まわりの渦巻きを書き、スケジュール帳に1ヶ月間はさんでおくと、しぶとい邪気が退散する。

Epilogue
エピローグ

＊宇宙を支配する「7」という数字

宇宙は「7」という数に支配されている。

曜日をはじめ、虹、音階、チャクラ（エネルギーポイント）は7つの波動の集合体。

骨は7年で生まれ変わり、子供の言語能力は、ほぼ7歳までに決まる。

人間や動物の妊娠期間も、生理の周期もほぼ7の倍数。

死んだ人の魂があの世に行くのも、49日後よね。

こうしたことからもわかるように、生命のサイクルは「7」という数がベースになってるの。

だから、私たちの細胞も「7」のリズムによく馴染《なじ》むし、受け入れやすい。

あることが習慣になるときって、細胞はまず最初の7日間で情報として受け入れ、

21日間で記憶し、そして、28日間それを続けることで習慣になる。

つまり、7の倍の日数でステージを変えていくのね。


そこで、7曜日メソッドの登場。

曜日ごとのミッションを繰り返すことで、「7」のリズムを細胞に刻み込むと、徐々に宇宙のリズムに合ってくるようになるの。

たとえば、あなたが社交ダンスのレッスンを始めたとするじゃない。

で、見知らぬ男性とペアになりました。

はじめのうちはぎくしゃくして、足を蹴ったり蹴られたりするわけなんだけど、毎日練習しているうちに相手に馴染《なじ》んできて、息がぴったりになってくる。

おたがいのリズムが合ってくるのね。


宇宙とあなたも同じなのよ。

はじめのうちはお互いリズムが合わず、願ったことが叶えられなかったり、タイミングがズレたりする。

でも、曜日の流れとともに宇宙のリズムに馴染んでくると徐々にタイミングが合ってきて、ラッキーなことがいろいろ起こるようになるの。

これが、いわゆるシンクロ。

シンクロが起こるってことは、宇宙と息が合ってる証拠なのね。


宇宙のサインも読めるようになるわ。

こういうことが起こったら、次はこうくるなっていう。

宇宙にもクセやパターンがあるわけで、それは、宇宙に馴染むことで少しずつわかってくるの。

そうなったらもう、こっちのもの。

面接官の「ツボ」を押さえたと同じだもん（笑）。

だからね、「私は不幸だ」なんてユメユメ思わないでほしい。

実際、世の中に不幸な人なんてほとんどいない。とくに日本みたいに豊かな国にはね。

ツキがない人は、宇宙とリズムが合ってないだけ。

タイミングが悪いから変なことばかり起こるの。

いかに一流のサーファーだって、波に逆行したら波に乗ることすらできないじゃない？　それと同じことよ。


でもね、安心して。

この本を手にしたあなたは、すでに宇宙とつながってる。

あとは楽しみながら、宇宙と最高のダンスを踊ってほしい。

宇宙とペアを組んだら、あとは人生思い通りよ。

人生まるごとリベンジ! 7曜日メソッド

✳まあたらしい自分になる77の秘術

2012年9月3日　第1版第1刷

2018年3月15日　第1版第3刷

著　者……Keiko

発行者……後藤高志

発行所……株式会社廣済堂出版
〒101−0052
東京都千代田区神田小川町2−3−13　M&Cビル7F
電話 03-6703-0964（編集）　03-6703-0962（販売）
Fax 03-6703-0963（販売）
振替 00180-0-164137
http://www.kosaido-pub.co.jp

印刷・製本……株式会社廣済堂

本文DTP……株式会社三協美術

ブックデザイン……石村紗貴子

ISBN978-4-331-51656-0　C0095

定価はカバーに表示してあります。

落丁・乱丁本はお取り替えいたします。